大人だって本当は知らない

10才からの時間の使《つか》い方

監修
石田淳
行動科学マネジメント研究所所長

マンガ
笠原ひろひと

永岡書店

はじめに

こんにちは！　行動《こうどう》科学《かがく》マネジメント研究所所長《けんきゅうじょしょちょう》の石田《いしだ》淳《じゅん》です。

みなさんは、自分《じぶん》で「さあ、これから勉強《べんきょう》しよう！」と思《おも》っているときに、お母《かあ》さんやお父《とう》さんからこんなことを言《い》われたら、どう思《おも》いますか？

「何《なに》やってるの！　早《はや》く勉強《べんきょう》しなさい！」

「いつまでも遊《あそ》んでいないで！」

何《なん》だか、せっかく勉強《べんきょう》しようと思《おも》っていたのに、やる気《き》がなくなっちゃいませんか？　「言《い》われなくてもわかってるよ！」なんて思《おも》っていますよね？

そんなことを言《い》われないためには、いつも決《き》まった時間《じかん》に勉強《べんきょう》をしていることが大切《たいせつ》。それができれば、お母《かあ》さんやお父《とう》さんも「わざわざ言《い》わなくても、ちゃんとやっているよね」と、安心《あんしん》するはずですからね。

でも、「決《き》まった時間《じかん》に決《き》まったことをする」ということが、苦手《にがて》な人《ひと》も多《おお》いのではないかなと思《おも》います。

そういう人《ひと》は、だらしない性格《せいかく》の人《ひと》？　それとも、やる気《き》のない人《ひと》？

いえいえ、そういう人《ひと》は「時間《じかん》の上手《じょうず》な使《つか》い方《かた》」を知《し》らないだけなんです。

でもそれはしかたがないこと。なぜなら、「時間《じかん》の上手《じょうず》な使《つか》い方《かた》」を教《おそ》わる機《き》

会《かい》なんて、これまでなかったのですから。だから、

- いつも決《き》まった時間《じかん》に決《き》まったことができるようになる
- 上手《じょうず》に時間《じかん》を使《つか》う

その方法《ほうほう》を、この本《ほん》で一緒《いっしょ》に学《まな》んでいきましょう！

「時間《じかん》の上手《じょうず》な使《つか》い方《かた》」は、決《けっ》してむずかしいものではありません。覚《おぼ》えるまでに時間《じかん》がかかったり、練習《れんしゅう》をくり返《かえ》さなければならないなんてことはないので大丈夫《だいじょうぶ》。めんどうな準備《じゅんび》も必要《ひつよう》ありません。

上手《じょうず》に時間《じかん》を使《つか》うためには、いつもの「行動《こうどう》」をちょっと変《か》えればいいんです。行動《こうどう》を変《か》えれば、勉強《べんきょう》に集中《しゅうちゅう》できたり、自然《しぜん》にやる気《き》が出《で》てきたり、計画的《けいかくてき》に動《うご》けるようになったり、ものごとをやり続《つづ》けることもできるようになります。

そしてその結果《けっか》、上手《じょうず》に時間《じかん》を使《つか》えるようになって、勉強《べんきょう》だけでなく、いろいろなことをやる時間《じかん》もふえるのです。

当《あ》たり前《まえ》のことですが、人《ひと》に与《あた》えられている時間《じかん》は、だれにとっても「1日《にち》24時間《じかん》」。大切《たいせつ》な時間《じかん》を上手《じょうず》に使《つか》って、勉強《べんきょう》も遊《あそ》びも充実《じゅうじつ》させましょう！

夏休《なつやす》みまで、あと1か月《げつ》もあるよ。
その間《あいだ》にテストが3つ…。
長《なが》いよなあ。通信簿《つうしんぼ》もあるし…。
おにぃあしょぼー
お父《とう》さんはよく、「今週《こんしゅう》も早《はや》かったなあ」って言《い》うよね。
はやいー
月《げつ》　火《か》　水《すい》　木《もく》　金《きん》　土《ど》　日《にち》
でも、そんなことないよな。今週《こんしゅう》だって、まだ月曜《げつよう》が終《お》わったばっかりだし！
明日《あした》は、算数《さんすう》のテストだし…。
イロハはいいよなあ。
遊《あそ》ぶのが仕事《しごと》だもん！
☞ 107ページ　実際《じっさい》の時間《じかん》と、心《こころ》が感《かん》じる時間《じかん》の長《なが》さはちがっている！

この本《ほん》に出《で》てくる子《こ》たち

三《み》つ子《ご》たち

イロハ

三《み》つ子《ご》たちの妹《いもうと》。３才《さい》のかわいい女《おんな》の子《こ》…だったけど!?

ソウ　**ミドリ**　**ヒイロ**

三《み》つ子《ご》の男《おとこ》の子《こ》で、外見《がいけん》も性格《せいかく》もそっくり。３人《にん》とも時《じ》間《かん》にだらしなくて、めんどうくさがり。妹《いもうと》のことが大好《だいす》き。

かすみ

三《み》つ子《ご》たちのおさななじみの女《おんな》の子《こ》。

クロックン

時間《じかん》の国《くに》の魔物《まもの》。まだ見習《みなら》い中《ちゅう》。

お父《とう》さん

お母《かあ》さん

かわいいお洋服《ようふく》ね
おくさまどこで買《か》ったの？
いいわね
子守《こも》り、ありがとう。そろそろ、部屋《へや》にもどって宿題《しゅくだい》をやりなさい。

☞20ページ “今《いま》”が運命《うんめい》の分《わ》かれ道《みち》!?「ハッピーエンドとバッドエンド」

しんだんしよう！

スタート

夢中《むちゅう》になると、時間《じかん》をわすれてしまう。
- はい → いつも、時間《じかん》が足《た》りないと思《おも》っている。
- いいえ → 実《じつ》は、好《す》きじゃない習《なら》い事《ごと》がある。

実《じつ》は、好《す》きじゃない習《なら》い事《ごと》がある。
- はい
- いいえ

いつも、時間《じかん》が足《た》りないと思《おも》っている。
- はい → やってみたいことがたくさんある。
- いいえ → ぼうっとする時間《じかん》が好《す》き。

ぼうっとする時間《じかん》が好《す》き。
- はい
- いいえ

やってみたいことがたくさんある。
- はい → 種類《しゅるい》がたくさんあると、なかなか選《えら》べない。
- いいえ → ほめてくれたらがんばれる。

ほめてくれたらがんばれる。
- はい → ぼうっとする時間《じかん》が好《す》き。
- いいえ

種類《しゅるい》がたくさんあると、なかなか選《えら》べない。
- はい → さそわれたら、ことわりたくない。
- いいえ → ほめてくれたらがんばれる。

さそわれたら、ことわりたくない。
- はい
- いいえ → ほめてくれたらがんばれる。

ガチャ

ケケケ
なんだ、この紙《かみ》…。おもしろそうだからやってみようぜ！

← はい

← いいえ

きみは、ふだんどんなふうに時間《じかん》を使《つか》っているかな？「はい」か「いいえ」で答《こた》えて進《すす》んでね。

時《じ》間《かん》の使《つか》い方《かた》タイプを

後《あと》回《まわ》しにしちゃうタイプ

Ⓐなかなかやる気《き》が出《で》ないきみは ➡45ページ

Ⓑゆうわくにすぐ負《ま》けちゃうきみは ➡46ページ

Ⓒ明日《あした》でいいことは、今日《きょう》やりたくないきみは ➡47ページ

続《つづ》けられないタイプ

Ⓓ時間《じかん》がなんとなくすぎちゃうきみは ➡48ページ

Ⓔ三日《みっか》ぼうずになっちゃうきみは ➡49ページ

Ⓕよくばりの“ながら行動《こうどう》” ばっかりしちゃうきみは ➡50ページ

いつまでたっても終《お》わらないタイプ

Ⓖよく考《かんが》えないまま、行動《こうどう》しちゃうきみは ➡51ページ

Ⓗ途中《とちゅう》でやめられないきみは ➡52ページ

やりたいことがありすぎるタイプ

Ⓘ予定《よてい》をつめこみすぎちゃうきみは ➡53ページ

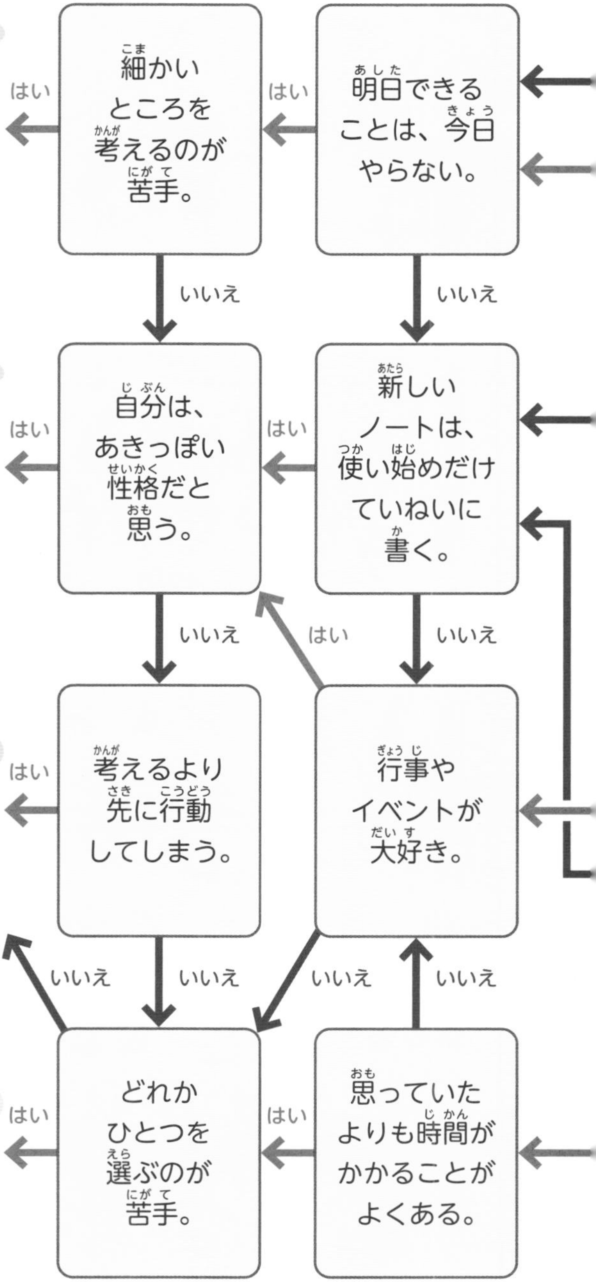
明日《あした》できることは、今日《きょう》やらない。
はい
いいえ
細《こま》かいところを考《かんが》えるのが苦手《にがて》。
はい
いいえ
新《あたら》しいノートは、使《つか》い始《はじ》めだけていねいに書《か》く。
はい
いいえ
自分《じぶん》は、あきっぽい性格《せいかく》だと思《おも》う。
はい
いいえ
行事《ぎょうじ》やイベントが大好《だいす》き。
はい
いいえ
いいえ
考《かんが》えるより先《さき》に行動《こうどう》してしまう。
はい
いいえ
いいえ
思《おも》っていたよりも時間《じかん》がかかることがよくある。
はい
どれかひとつを選《えら》ぶのが苦手《にがて》。
はい

オレ、どのタイプにも当《あ》てはまる気《き》がするよ…。
気《き》づくとぼんやりしちゃってるんだよな。
「後《あと》で」って、すぐ思《おも》っちゃうし。
ケケケ
エイッ!!
ビビッ
?
?
ケケケ
しーん
あれえ？お兄《にい》たちが動《うご》かなくなっちゃった!?
どうちたの？
動《うご》く！
スイッチオン
！

68ページ　時間《じかん》の使《つか》い方《かた》が上手《じょうず》になるスイッチを教《おし》えるよ！

きみのスイッチの入《い》れ方《かた》がわかる！

❶時間《じかん》って、どんなもの？

❷時間《じかん》をどんなふうに使《つか》っている？

❸時間《じかん》のおなやみ相談室《そうだんしつ》

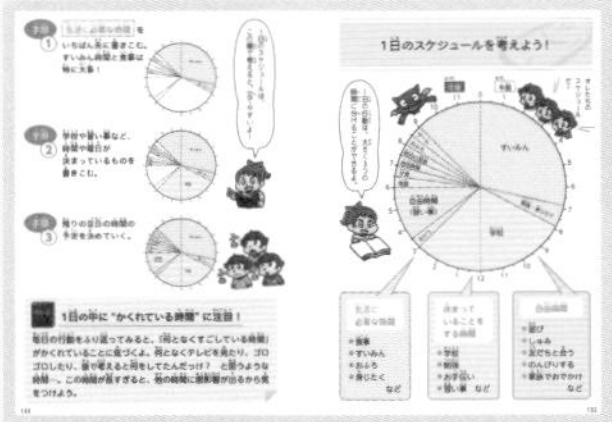

❹スケジュールを立《た》ててみよう

あたち、お兄《にい》たちのスイッチを入《い》れる！
スイッチ、どこかなあ？
こちょこちょ
わあ、
動《うご》いたー
うそ!?
うひゃひゃ、イロハ、くすぐったいよ。

もくじ

PART 1

時間《じかん》って、どんなもの？

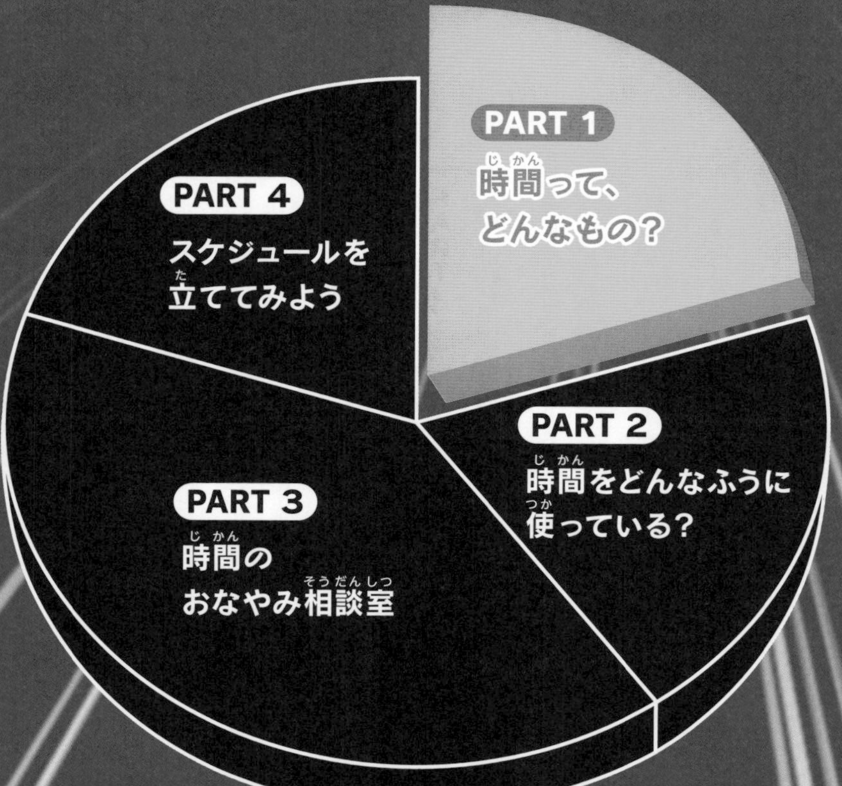
PART 1
時間《じかん》って、
どんなもの？
PART 2
時間《じかん》をどんなふうに
使《つか》っている?
PART 3
時間《じかん》の
おなやみ相談室《そうだんしつ》
PART 4
スケジュールを
立《た》ててみよう

運命《うんめい》の分《わ》かれ道《みち》って!?

あれ？まだこんなに宿題《しゅくだい》が残《のこ》ってる！

生《い》きものの時間《じかん》にはかぎりがある!!

カップラーメンが食《た》べられなくなる!?

メンがふえたぞ！
太《ふと》っ
ラーメン

時間《じかん》がなければ好《す》きなだけねられる？

しあわせ
ずっとねていられるぞ！

PART 1を読《よ》む前《まえ》に

きみは、時間《じかん》ってどんなものだと思《おも》う？

今日《きょう》から夏休《なつやす》み！
時間《じかん》はまだたっぷりある!?

夏休《なつやす》み1日目《にちめ》
今日《きょう》は何《なに》する？
プールは？
ゲームは？
だら
だら
宿題《しゅくだい》は？
夏休《なつやす》みなんて、あっという間《ま》に終《お》わっちゃうのよ！
のよー。
ひょこ
ククク
ケケケ
大丈夫《だいじょうぶ》、あとでやるよ！
まだ、初日《しょにち》だぜ！
時間《じかん》は、たっぷりある！
？
プール、いってきまっす♪
うえ〜い
もうっ!!
はー
お兄《にい》たちについてたの、なんだろ？

ただいま！
つかれたー。
ダメだー。
ねるー。
宿題《しゅくだい》しなさーい!!
あれっ、もう夏休《なつやす》み最終《さいしゅう》日《び》!?
やっべえ
何《なに》も宿題《しゅくだい》やってない!!
自由研究《じゆうけんきゅう》も！
読書感想文《どくしょかんそうぶん》も！
うわあああ、やべえ、やべえ。
どうしよう、どうしよう!?
うわああ！
ぐにゃん
だれか、助《たす》けてー。
えええ
ええ

はっ
なっ、なあんだ、夢《ゆめ》か…。
あんなこと、起《お》きるわけないよな。
夏休《なつやす》みは始《はじ》まったばっかりだぜ。
ケケケ
ケケケ
あっ さっきの!
むにゅ〜〜
いっ
いた
いっ…、いたいぞ…。
やっ、やめ……。
何《なん》だ!? おまえはだれだ!?
し、しまった! バレたか。
ぐぬぬぬ、しかたない…。
わあ しゃべった!

オレ様《さま》は、時間《じかん》の国《くに》の魔物《まもの》、その名《な》もクロックンさ！
夏休《なつやす》みにうかれている子《こ》どもたちにとりついて、時間《じかん》をむだづかいさせるのが仕事《しごと》なんだ。
お仕事《しごと》
大人《おとな》
すごい
まだ見《み》習《なら》いだけど
ほ〜
お仕事《しごと》、ご苦労様《くろうさま》でちゅ。お兄《にい》たちをよろちくお願《ねが》いちまちゅ！
まっ、まかせとけ…。オレ様《さま》のおかげで、1日目《にちめ》からちゃんとサボってるからな！
オレ様《さま》は、子《こ》どもたちのこんな言葉《ことば》が大好物《だいこうぶつ》なんだ。
宿題《しゅくだい》なんて、いつでもできるぜ。あとで、いいよな。本気《ほんき》出《だ》せば、すぐだし。
そっかあ
お兄《にい》たちを好《す》きなんだね♡

“今《いま》”が運命《うんめい》の分《わ》かれ道《みち》!?

三《み》つ子《ご》たちの夏休《なつやす》み最後《さいご》の日《ひ》を、宿題《しゅくだい》に追《お》われるひさんなものにしてやるのさ。
しゅごーい!かっこいい
おい、イロハ何《なに》を話《はな》しているんだよ?
クロックンがお兄《にい》たちのために、時間《じかん》の使《つか》い方《かた》を教《おし》えてくれるんだって。
ちがう!!
時間《じかん》をむだづかいさせて、最後《さいご》にはオレ様《さま》の手下《てした》にするんだ!
ええっ!!
まさか、さっきのは正夢《まさゆめ》だった…?
?

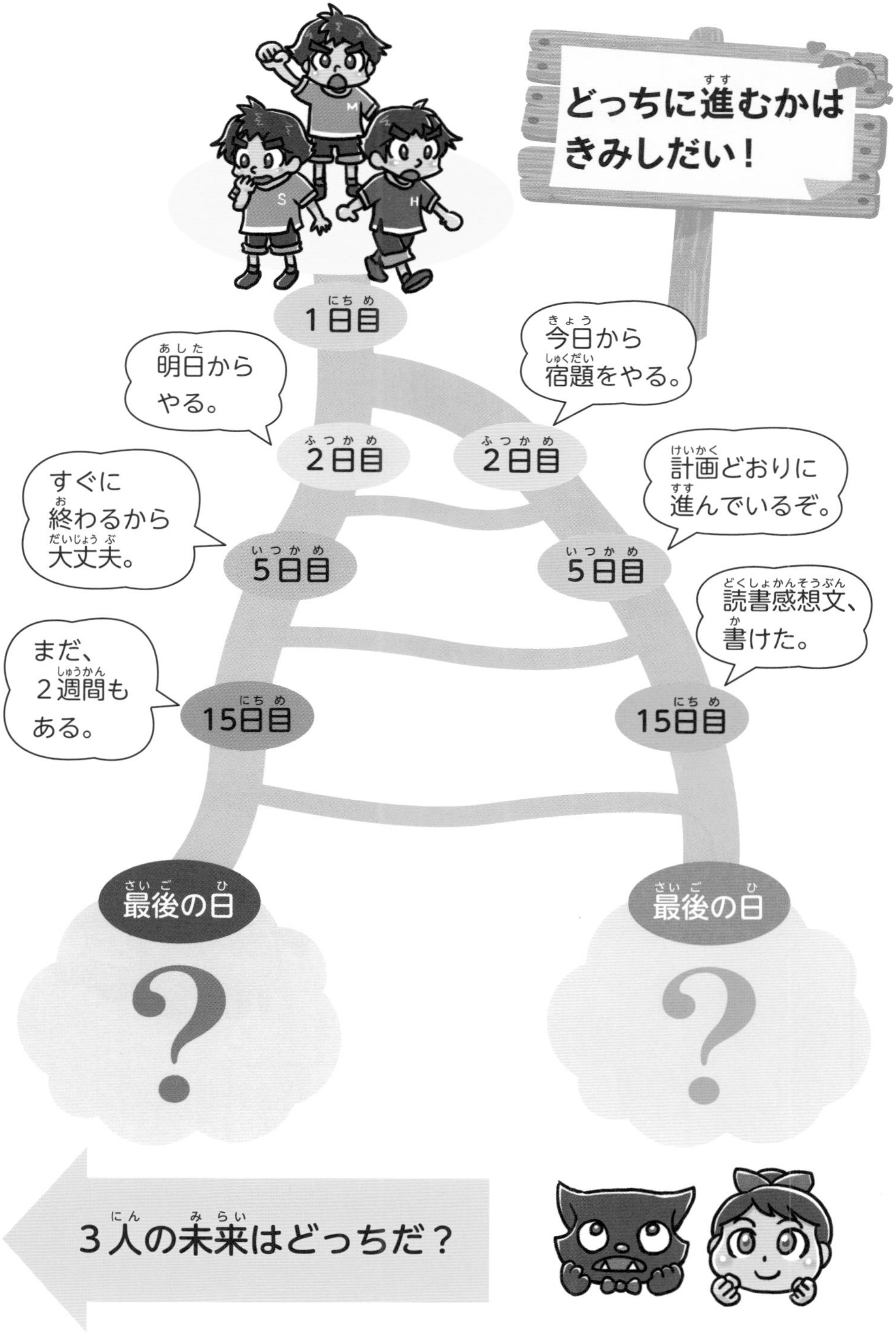
どっちに進《すす》むかはきみしだい！
1日目《にちめ》
明日《あした》からやる。
今日《きょう》から宿題《しゅくだい》をやる。
2日目《ふつかめ》
2日目《ふつかめ》
すぐに終《お》わるから大丈夫《だいじょうぶ》。
計画《けいかく》どおりに進《すす》んでいるぞ。
5日目《いつかめ》
5日目《いつかめ》
読書感想文《どくしょかんそうぶん》、書《か》けた。
まだ、2週間《しゅうかん》もある。
15日目《にちめ》
15日目《にちめ》
最後《さいご》の日《ひ》
?
最後《さいご》の日《ひ》
?
3人《にん》の未来《みらい》はどっちだ？

時間《じかん》をうまく使《つか》って

ハッピーエンド

がんばれ お兄《にい》たち！

やりたいこと 全部《ぜんぶ》できた！
明日《あした》の 準備《じゅんび》を しよう！
8月 31日
これでバッチリ！
宿題《しゅくだい》
宿題《しゅくだい》
最後《さいご》の日《ひ》、思《おも》いっきり 遊《あそ》んじゃおう！

時間《じかん》をうまく使《つか》えなかったら

バッドエンド……

こうなれば、オレ様《さま》の目標達成《もくひょうたっせい》!!
夏休《なつやす》み初日《しょにち》にもどりたいよ！
8月
31日
夏休《なつやす》みの間《あいだ》、オレは何《なに》をしてたんだ？
あれ？まだこんなに宿題《しゅくだい》が残《のこ》ってる！

時間《じかん》を上手《じょうず》に使《つか》いたい！

バッドエンドは、いやだけど…。
宿題《しゅくだい》は協力《きょうりょく》し合《あ》えば、大丈夫《だいじょうぶ》だよ！
キヒヒ
なんてったって、うちは3人《にん》いるからね。
おまえら、時間《じかん》の大切《たいせつ》さをわかってないなー。
ポロリ
ん？これなんだろう。
極秘
時間《じかん》の書《しょ》
※人間《にんげん》はぜったいに見《み》ちゃダメよ〜ん
パラ…
タララッタラー
イロハのレベルがアップした！
時間《じかん》にくわしくなった！
お兄《にい》たちに教《おし》えられるようになった！

お兄《にい》たち!! これからイロハが時間《じかん》のことを教《おし》えてあげるよ！
どうしちゃったの!?
クロックンのしわざか!?
魔物《まもの》にとりつかれてる？
とりつかれてるのは、おまえたちのほうだけどな…。
お兄《にい》たちのいつもの様子《ようす》は…？
❶よくゴロゴロ、ダラダラしている
いつまでゴロゴロしてるの!?
えー明日《あした》？
❷朝《あさ》になってから学校《がっこう》の準備《じゅんび》をする
牛乳《ぎゅうにゅう》パックある？
え!?
もっと早《はや》く言《い》いなさい！
❸よくちこくする
ごめんー
おそいよー
❹テレビを見《み》ながら宿題《しゅくだい》をする
あはは
集中《しゅうちゅう》して勉強《べんきょう》しなさい!!
これが、お兄《にい》たちのすがただよ。時間《じかん》をむだづかいしてばかりだね。
いつもこんなだっけ？
本当《ほんとう》？
ショック!!

でもね！時間《じかん》が上手《じょうず》に使《つか》えれば、こんなふうに変《か》わるんだよ。
イロハが急《きゅう》に、お姉《ねえ》さんになっちゃった…!?

時間《じかん》を上手《じょうず》に使《つか》えると…？

❶「勉強《べんきょう》」と「遊《あそ》び」のどちらもできて、うまくいく
❷約束《やくそく》をしっかり守《まも》れる
よし、ぴったり！
おはよう。待《ま》った？
やりましたー！
宿題《しゅくだい》
❸とつぜんのことにも対応《たいおう》できる
遊《あそ》ぼうぜー。
宿題《しゅくだい》は終《お》わってるから、行《い》ってくるね！
❹やりたいことのための時間《じかん》ができる
これ作《つく》りたかったんだよねー
❺夜《よる》ねるとき、気分《きぶん》がいい
今日《きょう》もいい1日《にち》だった

おお、すごいぜ！
オレたちもがんばれば、
できる気《き》がするな!!
成績《せいせき》も上《あ》がって、モテモテになっちゃうかもね。
ん？
何《なに》か雲行《くもゆ》きがあやしいぞ…。
おい…イロハ、何《なに》をしてるんだよ。
うおーやるぞー
時間《じかん》をうまく使《つか》えるようになるぞー!!
この本《ほん》に書《か》いてあったことを、お兄《にい》たちに教《おし》えてあげまちた。あたち、読《よ》めたの！
えっ
極秘
時間《じかん》の書
※人間はぜったいに見ちゃダメよ〜ん
いつのまに…かっ、返《かえ》せよ!!
やーよ！

時間《じかん》の使《つか》い方《かた》は、PART3のおなやみ相談室《そうだんしつ》で紹介《しょうかい》するよ！

身《み》のまわりにある“時間《じかん》”って、どんなもの？

どうしたら、時間《じかん》を上手《じょうず》に使《つか》えるようになるんだろう？
お兄《にい》たちは、まず時間《じかん》がどんなものかを知《し》っておくといいよ。

どんなときに時間《じかん》が流《なが》れていることに気《き》づくか、身《み》の回《まわ》りを見《み》てみて。
●時間割《じかんわり》どおりに授業《じゅぎょう》が行《おこな》われる
来週《らいしゅう》は、テストですよ。
じかんわり
げつ か すい もく きん ど
あと5分《ふん》で終《お》わるぞ。
ぴったり！
●電車《でんしゃ》が時刻表《じこくひょう》どおりに動《うご》く

起《お》きる時間《じかん》、ねる時間《じかん》
おはようございます
早《はや》くねなさい。
まだ、早《はや》いよー。
好《す》きな番組《ばんぐみ》の時間《じかん》
毎週《まいしゅう》、日曜《にちよう》8時《じ》から!
何《なに》かにかかる時間《じかん》
カップラーメンは3分《ぷん》間《かん》待《ま》つ。
うーメン
友《とも》だちとの待《ま》ち合《あ》わせ
あした、10時《じ》な!
オッケー
考《かんが》えたことなかったなあ。
「生活《せいかつ》」と「時間《じかん》」は、切《き》っても切《き》れない関係《かんけい》なんだって!

でもさ、みんなが時間《じかん》を気《き》にしなければ、時間《じかん》を守《まも》らなくたってよくなるんじゃない？
確《たし》かに
いいかも
そうだ、時間《じかん》がわからない世界《せかい》はゆかいだぞ。オレ様《さま》が見《み》せてやる！
えい!!
うーん…なんだか
ねむくなってきた…
●授業《じゅぎょう》が時間割《じかんわり》どおりに行《おこな》われない
先生《せんせい》、来《こ》ないなあ。
では、明日《あした》までずっと算数《さんすう》をやります。
気《き》合《あ》いだー！
えええっ。
勉強《べんきょう》しなくてよくなるかもしれないぞ！
●電車《でんしゃ》が時刻表《じこくひょう》どおりに動《うご》かない
いつ来《く》るんだ？
そのうち来《く》るさ。
そのうち
いつか

●起《お》きる時間《じかん》、ねる時間《じかん》がわからない
今《いま》、何時《なんじ》？
ずっとねていられるぞ！
しあわせ
●始《はじ》まりと終《お》わりの時間《じかん》がわからない
ずっと見《み》ているがいいさ。
いつやるの？
太《ふと》っ…
メンがふえたぞ！
ラーメン
カップラーメンがのびのび…
●時間《じかん》の長《なが》さがわからない
あっ！
ケケケ
う～
う～ん
ええっ？
お兄《にい》たちと遊《あそ》ぶなら、あたちも入《い》れてよお。
ドーン
クロックン!!
ずるーい！
時間《じかん》を気《き》にしなければ、気楽《きらく》でいいなって思《おも》ってたけど、
そうじゃないことがわかったよ…。
みんなが時間《じかん》を守《まも》るから、世《よ》の中《なか》がうまく回《まわ》っているんだって。

“時間《じかん》の決《き》まりごと”を知《し》ろう！

悪《あく》の組織《そしき》をほろぼすために、タイムマシンで過去《かこ》に飛《と》ぶぞ。
ギュウウウウ
ウハハハハ
もう手《て》おくれだ!!
わしは永遠《えいえん》の命《いのち》を手《て》に入《い》れたのだ。
なに!?
うっ、動《うご》けない・・・!!
ビビビ
ならば、お前《まえ》の時間《じかん》を止《と》めるまでさ。
こうして、勇者《ゆうしゃ》たちは新《あら》たな旅《たび》に出《で》るのだった。
おわり

ああ、おもしろかった！タイムマシンに乗《の》ってみたいなあ。
オレは、永遠《えいえん》の命《いのち》がほしいぜ。
はっ
時間《じかん》を止《と》めるほうが、すごくない？
ブッブー!! 全部《ぜんぶ》できません。
ここに書《か》いてあるよ
ええっ、オレたちだってマンガなのによ！
イロハはつまんないこと言《い》うようになっちゃったなあ。
あれっ…、このストーリーって、時間《じかん》に関係《かんけい》があることばかりじゃない？
ヒイ兄《にい》、するどい！そのとおりです。

時間《じかん》は目《め》に見《み》えないし、手《て》でさわることもできないよね。だから、時間《じかん》をすっかりわすれちゃうこともあるけれど、だれにも変《か》えられない〝決《き》まりごと〟があるんです。

時間《じかん》の書《しょ》

時間《じかん》の決《き》まりごととは？

- 過去《かこ》にはもどれない
- 時間《じかん》は止《と》められない
- 時間《じかん》にはかぎりがある
- 時間《じかん》の流《なが》れの中《なか》で、あらゆるものが変化《へんか》する

時間《じかん》は、過去《かこ》・今《いま》・未来《みらい》の
流《なが》れで考《かんが》えられます。
みんなが「今《いま》」を
生《い》きているけれど、
この「今《いま》」も、すぐに過去《かこ》に
なってしまいます。
たった1秒前《びょうまえ》にも、だれも
もどることはできないのです。

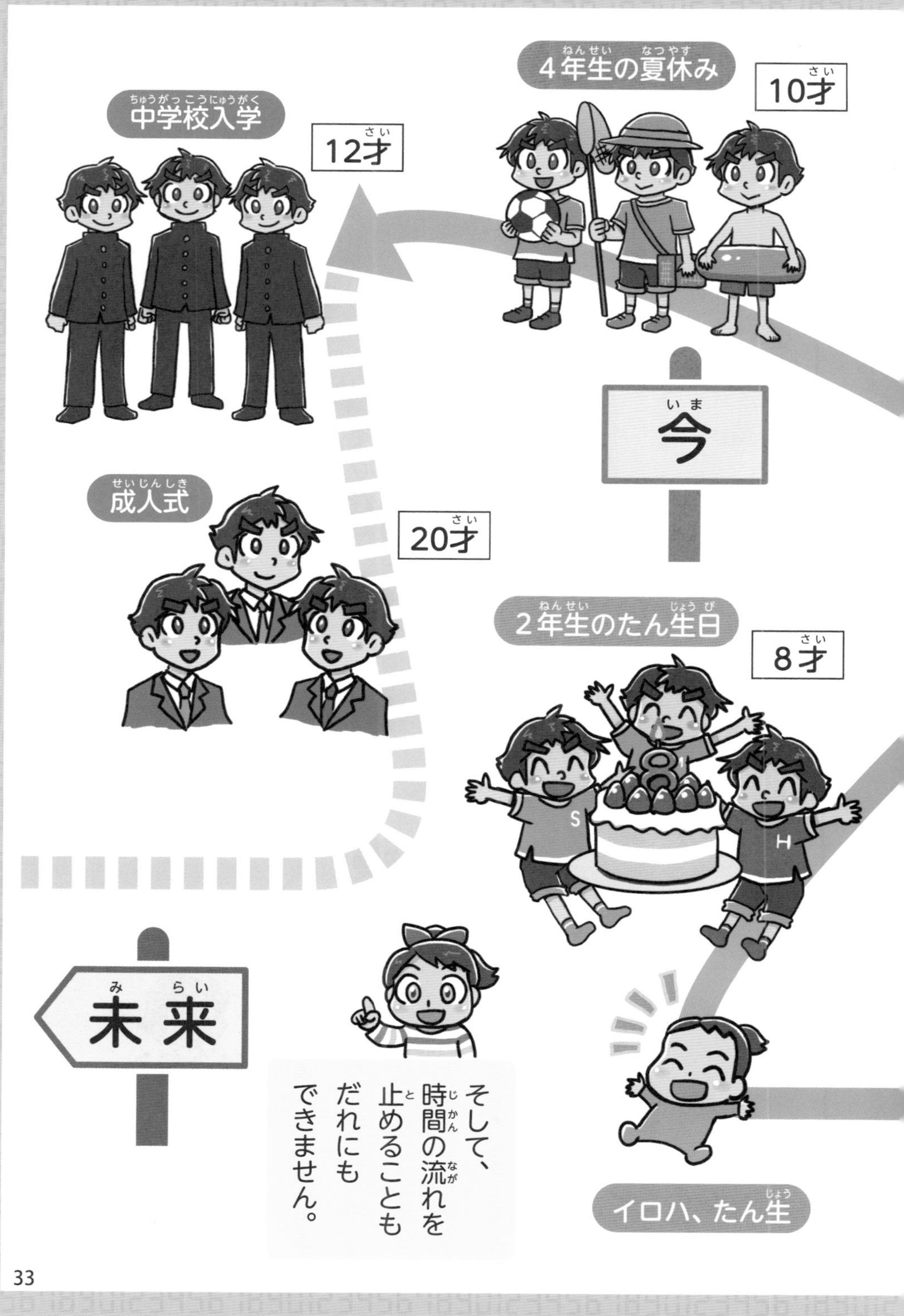

そして、時間《じかん》の流《なが》れを止《と》めることもだれにもできません。

おぎゃー

生《い》きものは、命《いのち》の長《なが》さが
決《き》まっていて
使《つか》える時間《じかん》には
かぎりがあります。
どの生《い》きものの命《いのち》も、
無限《むげん》ではないのです。

人間《にんげん》の寿命《じゅみょう》
およそ80年《ねん》

アフリカゾウの寿命《じゅみょう》
およそ60〜80年《ねん》

カブトムシの寿命《じゅみょう》
およそ1年《ねん》

アサガオの寿命《じゅみょう》
およそ5か月《げつ》
（たねをまいてから、次《つぎ》のたねができるまで）

寿命《じゅみょう》は、人間《にんげん》だけにあるものじゃないんだね。

そして、時間《じかん》の流《なが》れの中《なか》で、あらゆるものが変化《へんか》していきます。
自然《しぜん》
春《はる》
夏《なつ》
秋《あき》
冬《ふゆ》
太陽《たいよう》
昼《ひる》
朝《あさ》
夕方《ゆうがた》
空《そら》にうかぶ雲《くも》は、あっというまに形《かたち》が変《か》わっていく。
いぬ!
たこ!
新《あたら》しかった洋服《ようふく》は、しだいに古《ふる》びていく。
H
H
過去《かこ》にもどれるなら、今日《きょう》のおやつをもう一度《いちど》食《た》べたいな。
おやつー
今日《きょう》のおやつ、うまかったもんな!
おやつー
ぐぅ〜
おやつの時間《じかん》にまきもどせたらいいのにな。
おやつー
ぐぅ〜
おやつばっかり食べようとするな!
おいっ

“今《いま》”を大切《たいせつ》にしよう！

ちょっと前《まえ》の時間《じかん》くらいなら、もどれそうなのにな。
それができるなら、昨日《きのう》のテストの時間《じかん》にもどってやり直《なお》したいぜ。
テスト
みんなの前《まえ》でおならしちゃったときとかさ、3秒前《びょうまえ》くらいならもどれないかな？
お兄《にい》たち、物語《ものがたり》の中《なか》とはちがうのよ。えらい人《ひと》でも、お金持《かねも》ちでも、王様《おうさま》でも、「時間《じかん》の流《なが》れを変《か》えるのは無理《むり》！」なんだって。だから、**今《いま》が大事《だいじ》！**って、ここに書《か》いてあるよ。
だからさ、オレたち、マンガなんだぜ？
タイムマシーンが出《で》てきたっていいじゃないかよ。
ほんと、しょぼいマンガだなあ。
ブー
ブー
ブー

もう、お兄《にい》たちったら…。
本《ほん》には、「今《いま》」しだいで、未来《みらい》はどんな形《かたち》にも変《か》わっていくとも書《か》いてあるよ。
おおっ
なんだかわくわくしてきた
どうすればいいんだ？
あれ？
なんだか、いやな予感《よかん》がするぞ…？
たとえば、1時間《じかん》あったとしたら、
苦手《にがて》な算数《さんすう》の勉強《べんきょう》をしてみるか。
さんすう
することがなくてヒマだなあ。
このちょっとの差《さ》で、未来《みらい》が大《おお》きく変《か》わるんだって。
今《いま》が
未来《みらい》を作《つく》るのよ！
ビシッ
!!
そうなんだ
今日《きょう》から、
時間《じかん》のむだづかいは、
やめるぜ！
いてっ
ゴン
あ
クロックンごめん！

母上様《ははうえさま》!!
オレたち、明日《あした》から夏休《なつやす》みの宿題《しゅくだい》がんばります!
えっ!?
時間《じかん》って大事《だいじ》。
今《いま》は一度《いちど》きり。
むだづかいはダメ。
一体《いったい》何《なに》が…
イロハ先生《せんせい》が、いろいろ教《おし》えてくれたんだよ。
大事《だいじ》なことが、
よくわかったんだよ。
イロハが? 先生《せんせい》? ますます意味《いみ》がわからないわ…。
くっそー。三《み》つ子《ご》たちに、もっと時間《じかん》のむだづかいをさせないと!
大魔王様《だいまおうさま》にみとめてもらえないぞ…。
大魔王《だいまおう》
一生《いっしょう》見習《みなら》いのままだ
イロハから、本《ほん》を取《と》り返《かえ》せばいいのか!
そうだ

その夜《よる》
ケケケケ、よくねてるな。
イロハもまぬけだな。こんなわかりやすいところに本《ほん》を置《お》くなんてよ。
ん？
びーん
グラッ
あっ
ん？
あれ、クロックン？どうしたんでちゅ？
ちくしょー!!

PART 1を読《よ》んでみて

きみは、時間《じかん》ってどんなものだと思《おも》った？

コラム1 時計《とけい》のはじまりは？

おなかへったなあ。
今《いま》、何時《なんじ》かなあ。
そろそろお昼《ひる》の時間《じかん》じゃない？
ブーッ
それは、腹時計《はらどけい》だぜ！
12時《じ》!! あったりー

時計《とけい》のなかった大昔《おおむかし》の人《ひと》たちは、あるものをよく観察《かんさつ》することで“時間《じかん》”を見《み》つけました。それは、**太陽《たいよう》の動《うご》き！**

太陽《たいよう》は、朝《あさ》、東《ひがし》の方角《ほうがく》からのぼって、南《みなみ》の空《そら》を通《とお》り、夕方《ゆうがた》に西《にし》の方角《ほうがく》にしずみ、また次《つぎ》の日《ひ》の朝《あさ》、東《ひがし》の方角《ほうがく》からのぼります。そして、この動《うご》きをずっとくり返《かえ》しているのです。

このくり返《かえ》しの動《うご》きに気《き》づいた人々《ひとびと》は、日《ひ》がのぼって、しずんで、またのぼってくるまでを「1日《にち》」として決《き》めました。

こうして、太陽《たいよう》が出《で》ている間《あいだ》が「昼《ひる》」、太陽《たいよう》がしずんでいる間《あいだ》が「夜《よる》」となったのです。

太陽《たいよう》の動《うご》き

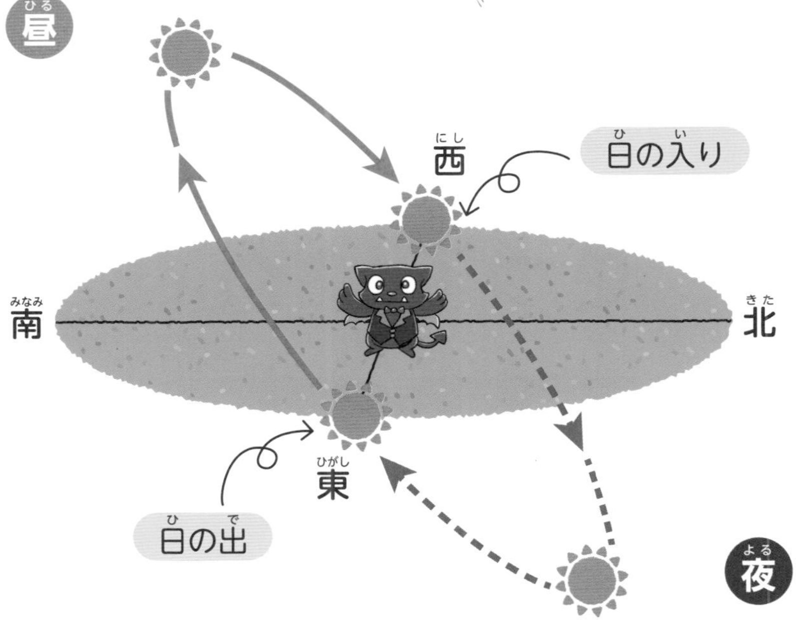

　太陽《たいよう》の動《うご》きを利用《りよう》した時計《とけい》が、「日時計《ひどけい》」で、時計《とけい》のはじまりと言《い》われているものです。

　太陽《たいよう》が出《で》ているときに地面《じめん》にぼうを立《た》てると、ぼうのかげができますね。そのかげの向《む》きや長《なが》さを観察《かんさつ》して変化《へんか》を記録《きろく》することで、だいたいの時間《じかん》を知《し》ることができるようになったのです。

　でも、夜《よる》や天気《てんき》の悪《わる》い日《ひ》にはかげはできません。残念《ざんねん》なことに、日時計《ひどけい》は太陽《たいよう》の出《で》ているときにしか使《つか》えませんでした。

PART 2

時間《じかん》をどんなふうに使《つか》っている?

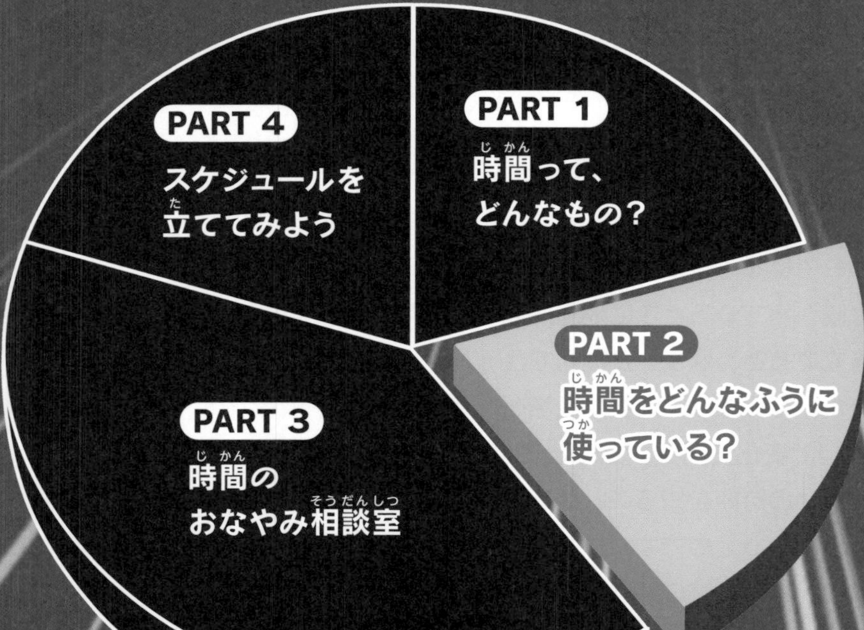
PART 1
時間《じかん》って、
どんなもの?
PART 2
時間《じかん》をどんなふうに
使《つか》っている?
PART 3
時間《じかん》の
おなやみ相談室《そうだんしつ》
PART 4
スケジュールを
立《た》ててみよう

これ読んだらやるー。
と思《おも》うかもしれない
ケケケ
宿題《しゅくだい》は？
続《つづ》きが気《き》になる
新《あたら》しいワザにちょうせん!!
マンガ
そうそう、勉強《べんきょう》よりも大事《だいじ》だよな。
ケケケ
宿題《しゅくだい》、まっしろ！
宿題《しゅくだい》なんて、明日《あした》でいいや。
ヘーキヘーキ、大丈夫《だいじょうぶ》！
よしよし、昨日《きのう》も言《い》ってたよな。

後回《あとまわ》しにしちゃうタイプ

いつまでたっても終《お》わらないタイプ

えっ？　準備《じゅんび》？
ちゃんと準備《じゅんび》してから始《はじ》めなさいよ…。
おかしクッキング
ごはんよ！いいかげんにしなさい!!
あと、もうちょっとだけ！
ゲームは1日24時間までしていいぞ
ピコ

友《とも》だちと遊《あそ》ぶ
買《か》い物《もの》
習《なら》い事《ごと》
勉強《べんきょう》
時間《じかん》が足《た》りないよー。
おかし作《つく》り
おでかけ

やりたいことがありすぎるタイプ

はっ
ぼー
あれっ、もう4時《じ》!?　いつのまに…!!

続《つづ》けられないタイプ

テレビ見《み》ながら宿題《しゅくだい》しないの！
わーっ
あっ、絵日記《えにっき》つけるのわすれてた！
8月1日
8月2日
8月3日
まっしろ
えにっき

PART 2 を読《よ》む前《まえ》に

きみは今《いま》、時間《じかん》を上手《じょうず》に使《つか》えていると思《おも》う？

きみの“時間《じかん》の使《つか》い方《かた》”タイプは？

オレたち、クロックンの手下《てした》にされないようにがんばるよ！
ケケケ
がんばるなんてムダだぜ
お兄《にい》たち、がんばるには、**自分《じぶん》を知《し》ることが大事《だいじ》**なんだって！
そんな、自分《じぶん》のことなんて、もう十分《じゅうぶん》知《し》ってるよ。
言《い》われなくたってわかるさ。
ホント？
おそいよー
ごめんー
いつまでゴロゴロしてるの⁉
えー明日《あした》？
あはは
集中《しゅうちゅう》して勉強《べんきょう》しなさい‼
あっ…
これはひどい…
自分《じぶん》では、意外《いがい》とわからないものなんだよ！まずは、自分《じぶん》がどんなタイプか見《み》てみよう！

後回《あとまわ》しにしちゃうタイプ

A《エー》 なかなかやる気《き》が出《で》ない

宿題《しゅくだい》は？
ケケケ
これ読《よ》んだらやるー。
と思《おも》うかもしれない
ポテト

このタイプのとくちょう

宿題《しゅくだい》や片《かた》づけなど、しなくてはいけないことがあるとき、「何《なに》から」「どうやって」始《はじ》めるかを考《かんが》えただけでめんどうになり、やる気《き》をなくしてしまうことが多《おお》いようです。やる気《き》が出《で》るまで後回《あとまわ》しにしてしまいがちです。

口《くち》グセ 「あ～めんどう」「後《あと》でやる」

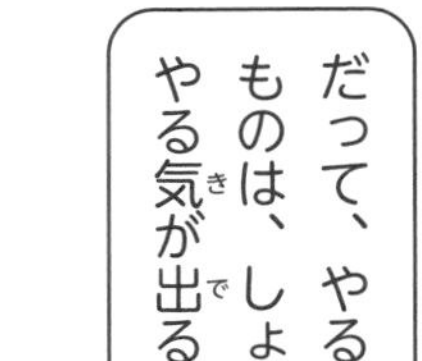
だって、やる気《き》が出《で》ないものは、しょうがないでしょ。やる気《き》が出《で》るのを待《ま》ってるの！

時間《じかん》の書《しょ》

ただ待《ま》っていても、やる気《き》は出《で》てきませんよ。

アドバイス
☞70ページ
☞76ページ
☞80ページ
を読《よ》もう！

後回《あとまわ》しにしちゃうタイプ

B《ビー》 ゆうわくにすぐ負《ま》けちゃう

新《あたら》しいワザにちょうせん!!
続《つづ》きが気《き》になる
マンガ
そうそう、勉強《べんきょう》よりも大事《だいじ》だよな。
ケケケ
宿題《しゅくだい》、まっしろ!

このタイプのとくちょう

しなくてはいけないことがあるときに、他《ほか》のことに気《き》を取《と》られて、うっかり時間《じかん》をむだにしてしまうことが多《おお》いようです。楽《たの》しそうなことを見《み》つけると、するべきことを一瞬《いっしゅん》でわすれてしまうので、どんどん後回《あとまわ》しになってしまいます。

口《くち》グセ

「つい、マンガ読《よ》んじゃった!」

だって宿題《しゅくだい》よりもマンガのほうがおもしろいんだもん。意志《いし》が弱《よわ》いのかな…。

時間《じかん》の書《しょ》

意志《いし》の強《つよ》さは、関係《かんけい》ないですよ。

アドバイス

70ページ
76ページ
80ページ
86ページ
95ページ
を読《よ》もう!

後回《あとまわ》しにしちゃうタイプ

C《シー》 明日《あした》でいいことは、今日《きょう》やりたくない

宿題《しゅくだい》なんて、明日《あした》でいいや。
ヘーキヘーキ、大丈夫《だいじょうぶ》！
よしよし、昨日《きのう》も言《い》ってたよな。
計算《けいさん》
小《しょう》4

このタイプのとくちょう

時間《じかん》によゆうがある場合《ばあい》、しなくてはいけないことを後回《あとまわ》しにしてしまうことが多《おお》いようです。はっきりとした理由《りゆう》もないのに、「その気《き》になればすぐにできる」などと、気《き》が大《おお》きくなってのんびりした結果《けっか》、ぎりぎりであわててしまいがちです。

口《くち》グセ

「明日《あした》で大丈夫《だいじょうぶ》！」
「宿題《しゅくだい》なんて楽勝《らくしょう》！」

だって、明日《あした》できることを今《いま》やるなんて、「今《いま》」がもったいないでしょ。

時間《じかん》の書《しょ》

明日《あした》、本当《ほんとう》に宿題《しゅくだい》をする時間《じかん》があるのでしょうか？

アドバイス
☞70ページ
☞80ページ
を読《よ》もう！

続《つづ》けられないタイプ

D《ティー》 時間《じかん》がなんとなくすぎてしまう

はっ
ぼー
あれっ、もう4時《じ》!? いつのまに…!!

このタイプのとくちょう

目《め》の前《まえ》のしなくてはいけないことに集中《しゅうちゅう》できないまま、気《き》づいたらずいぶんと時《じ》間《かん》がたっていた…ということが多《おお》いようです。いったい、何《なに》をしていたのでしょうか。それは、本人《ほんにん》にもよくわからないみたいです。

口《くち》グセ

「あれ？ もうこんな時間《じかん》？」
「何《なに》してたんだっけ？」

気《き》がつくと、あっという間《ま》に時間《じかん》がすぎていてびっくりしちゃうよ。

時間《じかん》の書《しょ》

なんとなくすごしてしまう時間《じかん》がいちばんもったいないですよ。

アドバイス
☞80ページ
☞86ページ
☞91ページ
☞95ページ
を読《よ》もう！

続《つづ》けられないタイプ

E《イー》 三日《みっか》ぼうずになってしまう

あっ、絵《え》日記《にっき》つけるのわすれてた！
8月1日
8月2日
8月3日
まっしろ
月 日
月 日
月 日
えにっき
ケケケ

このタイプのとくちょう

自分《じぶん》で「毎日《まいにち》やるぞ！」、「がんばるぞ！」と決《き》めたことなので、最初《さいしょ》だけはていねいにやりますが、すぐにあきたり、他《ほか》のことに興味《きょうみ》がわいたりして続《つづ》かないことが多《おお》いようです。そのため、中途《ちゅうと》はんぱなままになりがちで「やったぞ！」という達成感《たっせいかん》をなかなか味《あじ》わえません。

口《くち》グセ

「あ、わすれてた」
「あきちゃったな」

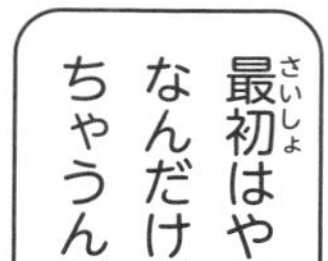
最初《さいしょ》はやる気《き》まんまんなんだけど、すぐあきちゃうんだよな……。

時間《じかん》の書《しょ》

やる気《き》が長《なが》く続《つづ》くようになるといいですよね。

アドバイス
☞80ページ
☞91ページ
を読《よ》もう！

続《つづ》けられないタイプ

F《エフ》 よくばりの“ながら”行動《こうどう》

テレビ見《み》ながら宿題《しゅくだい》しないの！
わーっ

このタイプのとくちょう

このタイプの人《ひと》は、よくばりやさんなのでしょうか。テレビを見《み》ながら宿題《しゅくだい》をしたり、マンガを読《よ》みながらご飯《はん》を食《た》べたり…。同時《どうじ》に2つのことはできないので、結《けっ》局《きょく》、どちらも中途《ちゅうと》はんぱになりがちです。

口《くち》グセ

特《とく》になし。ただし、「どっちかにしなさい！」と、よくしかられる。

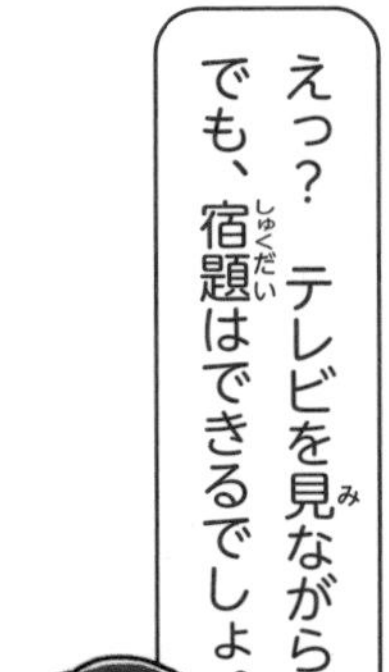
えっ？ テレビを見《み》ながらでも、宿題《しゅくだい》はできるでしょ。

時間《じかん》の書《しょ》

テレビを見《み》ながらした勉強《べんきょう》は、本当《ほんとう》に身《み》につきますか？

アドバイス

☞76ページ
☞86ページ
☞91ページ
☞95ページ
を読《よ》もう！

いつまでたっても終《お》わらないタイプ

G《ジー》 よく考《かんが》えないまま、行動《こうどう》してしまう

えっ？ 準備《じゅんび》？
ボウルはどこ!?
ケケッ
おかしクッキング
生《なま》クリーム使《つか》うの!?
たまご買《か》ってくるの忘《わす》れたー
ちゃんと準備《じゅんび》してから始《はじ》めなさいよ…。

このタイプのとくちょう

「やるぞ！」と思《おも》いついたら、物事《ものごと》の手《て》順《じゅん》や準備《じゅんび》などの段取《だんど》りを考《かんが》えないまま行《こう》動《どう》してしまうことが多《おお》いようです。そのため、物事《ものごと》がスムーズに進《すす》まずに、むだな時間《じかん》がかかってしまいがちです。途中《とちゅう》で何《なに》をしているかわからなくなってしまうこともあります。

口《くち》グセ

「とりあえず、やってみる！」
「用意《ようい》？ 計画《けいかく》？ 何《なん》のこと？」

だって、思《おも》いついたらじっとしていられないんだもん。計画《けいかく》を立《た》てる時間《じかん》がむだだよ。

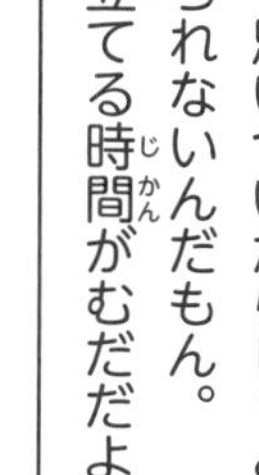

時間《じかん》の書《しょ》

計画《けいかく》を立《た》てるほうが、効率的《こうりつてき》に進《すす》められますよ。

アドバイス

☞99ページを読《よ》もう！

いつまでたっても終《お》わらないタイプ

H《エイチ》 途中《とちゅう》でやめられない

ごはんよ！いいかげんにしなさい!!
あと、もうちょっとだけ！
ゲームは1日《にち》24時間《じかん》までしていいぞ
ピコ

このタイプのとくちょう

目《め》の前《まえ》のことに夢中《むちゅう》になり、途中《とちゅう》でやめられないことが多《おお》いようです。時間《じかん》になってもやめないので、次《つぎ》の予定《よてい》に間《ま》に合《あ》わなくなることも…。だれかと待《ま》ち合《あ》わせをしていれば、自分《じぶん》だけでなく相手《あいて》もこまってしまいます。

口《くち》グセ

「あと、もうちょっと！」

続《つづ》きが気《き》になってしょうがないの。最後《さいご》までやりたいんだもん。

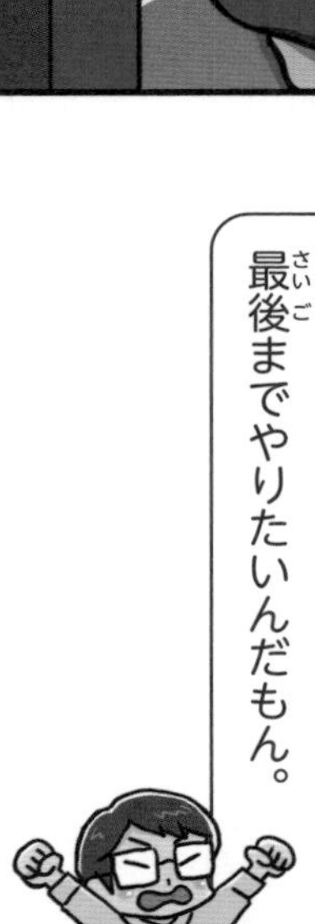

時間《じかん》の書《しょ》

終《お》わりの時間《じかん》を守《まも》るのも大事《だいじ》なことですよ。

アドバイス

☞104ページを読《よ》もう！

やりたいことがありすぎるタイプ

I《アイ》 予定《よてい》をつめこみすぎちゃう

ぐへっ
習《なら》い事《ごと》
買《か》い物《もの》
友《とも》だちと遊《あそ》ぶ
勉強《べんきょう》
時間《じかん》が足《た》りないよー。
おかし作《づく》り
おでかけ

このタイプのとくちょう

あれもこれもと、やりたいことを、すべて予定《よてい》につめこんでしまうことが多《おお》いようです。そして、その予定《よてい》をすべてこなそうとするので、時間《じかん》が足《た》りなくなったり、あわただしくなったりしがちです。結局《けっきょく》、中途《ちゅうと》はんぱになることも多《おお》く、満《まん》足《ぞく》できません。

口《くち》グセ

「あ〜、時間《じかん》が足《た》りない！」

だって、やりたいことがたくさんあるんだもん。

時間《じかん》の書《しょ》

1日《にち》は、だれにでも24時間《じかん》しかないんですよ。

アドバイス

☞108ページを読《よ》もう！

どうだ!! オレ様《さま》がとりつけば、こんなふうに時間《じかん》が使《つか》えないヤツになれるんだぜ。かっこいいだろう!
おい、いくつ当《あ》てはまった?
オレ、5つ。
あー、負《ま》けた! オレ4つ。
オレなんて、7つだぜ!
ふふん
ちょっと、お兄《にい》! これは、多《おお》く当《あ》てはまったほうがよくないんだよ。
えええっ!? そんな、どうしよう…。
ケケケ
三《み》つ子《ご》たちは、オレ様《さま》の手下《てした》になる素質《そしつ》があるようだな。
そのちょうしだ
そんなの、イヤだよ!!

みなさんが、時間《じかん》を管理《かんり》できないのは、時間《じかん》の使《つか》い方《かた》を知《し》らないからです。
時間の書
ここで、時間《じかん》の使《つか》い方《かた》が上手《じょうず》になるスイッチについてお教《おし》えしましょう。
たとえば、センヌキ！ 使《つか》い方《かた》を知《し》らなかったら、センを開《あ》けられませんよね？ これと同《おな》じことです。
コーラ
なるほど
だ・か・ら
ビシッ
んんっ？ ひも？
うああ
ちゅっぱつ、しんこー!!
お兄《にい》たち、ちゅいてきて〜。
どこに行《い》くんだよ

その夜《よる》
おいイロハ、オレ様《さま》は、お兄《にい》たちを手下《て》《した》にして、りっぱな魔物《ま》《もの》になりたいんだよ。ジャマするなよ、なっ？
てちた？それって、なかよちってこと？
いーよ！お兄《にい》とイロハとクロックンで、てちたのお友《とも》だち！
みーんなでりっぱな魔物《ま》《もの》になろう♪
ゆびきりげんまん
手下《て》《した》が、友《とも》だち…!?
バッ、バカヤロー!! オレ様《さま》は、三《み》つ子《ご》たちのせいで魔物《ま》《もの》になったんだぞ。大魔王様《だい》《ま》《おう》《さま》は、すごーくおっかないんだからな。
い、いまに見《み》てろよ。ちくしょう！
びゅーん
お兄《にい》たちのせい？
ん？

PART 2を読《よ》んでみて

きみは、どのタイプに、いくつ当《あ》てはまっていたかな？

突撃《とつげき》!インタビュー

大人《おとな》のみなさん、時間《じかん》をどう使《つか》っているか教《おし》えてください!

大人《おとな》はみんな、時間《じかん》を上手《じょうず》に使《つか》えてるのかな?
お父《とう》さんは、いつもソファーでねちゃってるよな。
お母《かあ》さんは、出《で》かけるときの準備《じゅんび》がおそいよな。
ギクッ
ギクッ
ねぇ!
…それは人《ひと》によると思《おも》うけど、総理大臣《そうりだいじん》の一日《いちにち》の時間《じかん》の使《つか》い方《かた》は、毎日《まいにち》の新聞《しんぶん》にのっているよ。
同5時4分 官邸発。○○ホテル着。同ホテル内宴会場で、「○○全国協議会総会」に出席し、あいさつ。記念撮影。同22分、同ホテル発。同28分、官邸着。午後5時45分、ザンビアの○○大統領を出迎え。記念撮影。同46分から同52分まで、儀仗隊による栄誉礼、儀仗。午後5時54分から同6時59分まで、○○大統領と首脳会談。同7時3分から同18分まで、署名式、共同記者会見発表。同19分、官邸発。同20分、公邸着。首相主催の夕食会。午後8時34分から同36分まで、○○大統領を見送り。午前0時現在、公邸、来客なし。
首相の一日
わあ、本当《ほんとう》だ!
ほかの職業《しょくぎょう》の人《ひと》のことも、知《し》りたくなってきたぞ。
イロハ、その本《ほん》で教《おし》えてよ!
じゃあ、聞《き》きにいっちゃおう。ちゅっぱつしんこー!!
オ オレも!

看《かん》護《ご》師《し》さんの時《じ》間《かん》の使《つか》い方《かた》は？

話《はなし》を聞《き》いた人《ひと》
かげさん

今回《こんかい》は、病院《びょういん》の日勤《にっきん》と夜勤《やきん》での、時間《じかん》の使《つか》い方《かた》を教《おし》えてもらったよ！

夜勤《やきん》って、徹夜《てつや》なんですか？ ねむくなっちゃいそう…。

徹夜《てつや》ではないですよ。仮眠《かみん》の時間《じかん》があって、1、2時間《じかん》ねる人《ひと》が多《おお》いかな。ねないでテレビを見《み》たり、軽食《けいしょく》をとって休《やす》む人《ひと》もいます。夜勤中《やきんちゅう》も、入院患者《にゅういんかんじゃ》さんのお世話《せわ》や容態《ようだい》のチェックがあるので、ねむくなることはないけれど、日勤《にっきん》と夜勤《やきん》で就寝時間《しゅうしんじかん》が変《か》わるから、生活《せいかつ》のリズムを保《たも》つのはちょっと大変《たいへん》ですね。

いつも、どんなふうに時間《じかん》を使《つか》い分《わ》けているんですか？

まず大事《だいじ》なのは、生活《せいかつ》のペースを作《つく》ってそれをくずさないことです。スケジュール表《ひょう》では、日勤《にっきん》の日《ひ》は朝《あさ》7時起床《じきしょう》、夜勤《やきん》の日《ひ》は朝《あさ》10時起床《じきしょう》となっていますよね。でも、これは人《ひと》それぞれで、夜勤《やきん》でも日勤《にっきん》と同《おな》じ7時《じ》に起《お》きる人《ひと》もいます。

だいたい月《つき》に5、6回夜勤《かいやきん》があるのですが、夜勤《やきん》の翌日《よくじつ》は、休日《きゅうじつ》になることが多《おお》いので、そこでゆっくり休《やす》んで気持《きも》ちや体調《たいちょう》を整《ととの》える人《ひと》が多《おお》いかな。休《やす》むといっても、ねすぎるとリズムがくずれてしまうから、ねだめのようなことはしないですね。

時間《じかん》の使《つか》い方《かた》で、ほかに工夫《くふう》していることはありますか？

仕事《しごと》が始《はじ》まるまでに、着《き》がえをして準備《じゅんび》を整《ととの》えるんですが、その間《あいだ》に担当《たんとう》している患者《かんじゃ》さんのカルテ（病状《びょうじょう》や食事《しょくじ》などを記録《きろく》するもの）を見《み》て、情報《じょうほう》を頭《あたま》に入《い》れておくようにしています。

そうすると、スムーズに仕事《しごと》に取《と》り組《く》めるんですよ。

仕事《しごと》が始《はじ》まる時間《じかん》ギリギリに出勤《しゅっきん》すると、着《き》がえだけしかできないので、いつも早《はや》めに行動《こうどう》するように心《こころ》がけています。

日勤《にっきん》（朝《あさ》から夕方《ゆうがた》）のスケジュール

午前《ごぜん》 7：00	起床《きしょう》
午前《ごぜん》 7：30	朝食《ちょうしょく》
午前《ごぜん》 8：30	出勤《しゅっきん》、着《き》がえなどの準備《じゅんび》
午前《ごぜん》 9：00	前半《ぜんはん》の仕事《しごと》
午前《ごぜん》12：00	休《きゅう》けい（昼食《ちゅうしょく》）
午後《ごご》 1：00	後半《こうはん》の仕事《しごと》
午後《ごご》 5：00	着《き》がえ、夜勤《やきん》の人《ひと》に引《ひ》きつぎなどをして退勤《たいきん》
午後《ごご》 6：00	帰宅《きたく》
午後《ごご》 8：00	夕食《ゆうしょく》
午後《ごご》11：00	就寝《しゅうしん》

夜勤《やきん》（夕方《ゆうがた》から朝《あさ》）のスケジュール

午前《ごぜん》10：00	起床《きしょう》

※朝食《ちょうしょく》は食《た》べない、もしくは軽《かる》めにとる。

午後《ごご》 1：00	昼食《ちゅうしょく》
午後《ごご》 2：00	出勤《しゅっきん》、着《き》がえなどの準備《じゅんび》
午後《ごご》 3：00	前半《ぜんはん》の仕事《しごと》
午後《ごご》 6：00〜9：00の間《あいだ》の30分《ぷん》	休《きゅう》けい（夕食《ゆうしょく》）
午後《ごご》 6：30	後半《こうはん》の仕事《しごと》
午後《ごご》10：00〜午前《ごぜん》6：00の間《あいだ》	休《きゅう》けい（仮眠《かみん》）
午前《ごぜん》 9：00	着《き》がえ、日勤《にっきん》の人《ひと》に引《ひ》きつぎなどをして退勤《たいきん》
午前《ごぜん》10：00	帰宅《きたく》

※翌日《よくじつ》の日勤《にっきん》に合《あ》わせて午後《ごご》11：00までねない。もしくは昼寝《ひるね》を2、3時間《じかん》。

看護師《かんごし》さんって、どんなことをしているんですか？

担当《たんとう》している診療科《しんりょうか》によってちがいますが、患者《かんじゃ》さんの体《からだ》をふくなどの身《み》の回《まわ》りのお世話《せわ》、容態《ようだい》の確認《かくにん》、点滴《てんてき》やきずの処置《しょち》、リハビリなどがメインの仕事《しごと》です。

やることが多《おお》くて大変《たいへん》そう…。どんな人《ひと》が向《む》いていると思《おも》いますか？

大変《たいへん》なことも多《おお》いけれど、やりがいのある仕事《しごと》だと思《おも》っています。私《わたし》は、やっているうちにだんだん効率《こうりつ》的《てき》に動《うご》けるようになっていきました。患者《かんじゃ》さんのけがや病気《びょうき》が良《よ》くなっていくのを見《み》るのがとてもうれしいです。病気《びょうき》や体《からだ》のしくみなどに興味《きょうみ》がある人《ひと》、人《ひと》と話《はな》すことが好《す》きな人《ひと》に向《む》いている仕事《しごと》かな。あと、体力《たいりょく》も大事《だいじ》ですね。

かげ　循環器・消化器・脳神経・救急など、さまざまな診療科を経験している看護師。イラストレーターでもあり、SNS等で、目で見てわかるイラストで臨床に基づく使える知識をわかりやすく解説している。著書に『かげさんの実習おたすけノート』（照林社）、『ホントは看護が苦手だったかげさんのイラスト看護帖』（永岡書店）など。

お坊《ぼう》さんの一日《いちにち》に密着《みっちゃく》！

話《はな》を聞《き》いた人《ひと》
名取芳彦《なとりほうげん》和尚《おしょう》

お寺《てら》はイライラしたり、おこったりせずに、おだやかな心《こころ》で生《い》きていきたいと思《おも》う人《ひと》のために建《た》てられています。お坊《ぼう》さんも「いつでも、どんなことがあっても、心《こころ》がおだやかな人《ひと》になりたい」と思《おも》っています。

朝《あさ》は、まず本堂《ほんどう》（お堂《どう》）の雨戸《あまど》を開《あ》けます。お店《みせ》で言《い》えば開店準備《かいてんじゅんび》です。この準備《じゅんび》のために起《お》きるので、お坊《ぼう》さんによって起《お》きる時間《じかん》はちがいますが、だいたい6時《じ》ごろに起《お》きます。そして、お堂《どう》の中《なか》や、お寺《てら》の庭《にわ》、玄関《げんかん》の掃除《そうじ》をします。

次《つぎ》にお堂《どう》で仏《ほとけ》さまの前《まえ》で、お経《きょう》を唱《とな》えます（お経《きょう》は「読《よ》む」ではなく、リズムをつけて読《よ》むので「唱《とな》える」と言《い》います）。お経《きょう》は、生《い》きている人《ひと》も死《し》んだ人《ひと》も、だれもがイライラせず、おこったりしないで、心《こころ》おだやかな一日《いちにち》が過《す》ごせますようにということが書《か》いてあります。心《こころ》がおだやかになるために、瞑想《めいそう》（目《め》を閉《と》じて静《しず》かに思《おも》いをめぐらすこと）することもあります。これを勤行《ごんぎょう》とか、おつとめと言《い》います。勤行《ごんぎょう》は起《お》きて掃除《そうじ》をした後《あと》にやります。そうすると頭《あたま》の回転《かいてん》が良《よ》くなるだけでなく、体《からだ》が温《あたた》まって大《おお》きな声《こえ》を出《だ》しても声《こえ》がかれないですむからです。それから、7時《じ》くらいに朝《あさ》ごはんを食《た》べます。

昼《ひる》間《ま》は、お坊《ぼう》さんが好《す》きに使《つか》える時間《じかん》です。本《ほん》を読《よ》んで勉強《べんきょう》したり、お寺《てら》にやってくる人《ひと》の相談《そうだん》にのったり、心《こころ》おだやかでいるためのアイデアを考《かんが》えたりします。

夕方《ゆうがた》になると、お堂《どう》の雨戸《あまど》を閉《し》める前《まえ》に「今日《きょう》は心《こころ》おだやかに過《す》ごせただろうか、みんなが心《こころ》おだやかになるためのお手伝《てつだ》いができただろうか」と反省《はんせい》しながら、もう一度《いちど》、お経《きょう》を唱《とな》えます。

夜《よる》は、みんなのお父《とう》さんやお母《かあ》さんと同《おな》じように、時間《じかん》を過《す》ごします。

決《き》められたお寺《てら》で、修行《しゅぎょう》や勉強《べんきょう》をしないとお坊《ぼう》さんになれませんが、普通《ふつう》のお寺《てら》に住《す》んでいるお坊《ぼう》さんはもう修行《しゅぎょう》が終《お》わっているので、一日《いちにち》5時間《じかん》も6時間《じかん》も座《すわ》って修行《しゅぎょう》することはありません。

世《よ》の中《なか》には、何《なに》か理由《りゆう》があって心《こころ》がおだやかでない人《ひと》もいます。また、心《こころ》のおだやかさが続《つづ》かない人《ひと》もたくさんいます。なるべく長《なが》い間《あいだ》おだやかな心《こころ》でいてもらいたいので、お寺《てら》にやってくる人《ひと》に合《あ》わせて、その方法《ほうほう》をアドバイスします。中《なか》には、ご先祖《せんぞ》さまに何《なに》かおもてなしをしたいと思《おも》う人《ひと》もいます。そのために法《ほう》事《じ》とよばれる儀式《ぎしき》をします。その儀式《ぎしき》で、お坊《ぼう》さんはご先祖《せんぞ》さまにお経《きょう》を唱《とな》えておもてなしをします。

お坊《ぼう》さんは仕事《しごと》ではなく、生《い》き方《かた》です。「いつでも、どんなことが起《お》こっても、心《こころ》おだやかになりたい」と思《おも》って生《い》きているのです。生《い》き方《かた》なので、休《やす》みの日《ひ》はありません。

家族《かぞく》の中《なか》でだれかが死《し》んでしまったとき、決《き》まったお寺《てら》のお坊《ぼう》さんにおそう式《しき》をしてお経《きょう》を唱《とな》えてもらう家《いえ》のことを檀家《だんか》といいます。おそう式《しき》はいつあるかわかりません。人《ひと》がいつ死《し》んでしまうかわからないからです。ですから、おそう式《しき》がある日《ひ》は、昼《ひる》でも夜《よる》でもお寺《てら》や斎場《さいじょう》などに出向《でむ》きます。お寺《てら》に住《す》んでいるお坊《ぼう》さんは、お寺《てら》からお給料《きゅうりょう》をもらいます。このお給料《きゅうりょう》は、おそう式《しき》や法事《ほうじ》で檀家《だんか》がくれるお金《かね》の中《なか》からはらわれます。

お坊《ぼう》さんの一日《いちにち》は、朝《あさ》、お堂《どう》でお経《きょう》を唱《とな》えて始《はじ》まり、夕方《ゆうがた》にまたお経《きょう》を唱《とな》えて終《お》わります。

それ以外《いがい》の間《あいだ》は、何《なに》をしても自由《じゆう》です。でも、自由《じゆう》だからといって、遊《あそ》べるわけではありません。何《なに》をしてもいいのだから遊《あそ》んでくらしていこうと思《おも》う人《ひと》は、お坊《ぼう》さんにはなれないのです。

名取芳彦（なとり　ほうげん）　昭和59年より東京都江戸川区・密蔵院住職。真言宗豊山派布教研究所所長。豊山流大師講（ご詠歌）詠匠。著書に『気にしない練習』（三笠書房）、『ほうげん和尚の心がほっとラクになる般若心経』（永岡書店）など。

料理《りょうり》の〝段取《だんど》り〟を教《おし》えてください！

話《はなし》を聞《き》いた人《ひと》　藤井恵《ふじいめぐみ》さん

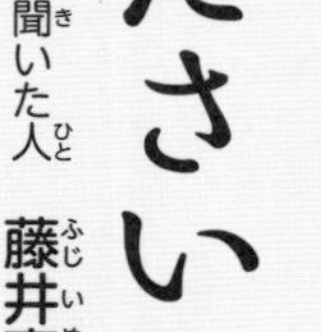

　まずは「作《つく》り方《かた》」をよく読《よ》んでおくことが大事《だいじ》です。そして、必要《ひつよう》な材料《ざいりょう》、調理器具《ちょうりきぐ》を手《て》のとどくところに用意《ようい》しておく。これをしないで作《つく》り始《はじ》めてしまうと、手順《てじゅん》がわからなくなったり、あわてて失敗《しっぱい》したりしてしまいます。

　今回《こんかい》はお弁当作《べんとうづく》りなので、先《さき》にごはんをたいておくのもわすれないでくださいね。お弁当《べんとう》は冷《さ》ましてからふたをしないといたんでしまうので、おかずを作《つく》る前《まえ》に、お弁当箱《べんとうばこ》にごはんを入《い》れて冷《さ》ましておきます。

材料《ざいりょう》（1人分）

ごはん…1ぜん分《ぶん》

ブロッコリー…1/8こ（50グラム）

　塩《しお》…小《こ》さじ1

　ゆでるための水《みず》…1カップ程度《ていど》

たまご…1こ

　A［水《みず》…大《おお》さじ1

　　塩《しお》…ひとつまみ（0.5グラム）

とりひき肉《にく》…50グラム

　B［しょう油《ゆ》…小《こ》さじ1

　　さとう…小《こ》さじ1

　　おろししょうが…小《こ》さじ1/2

　それからおかずの下《した》ごしらえです。このそぼろ弁当《べんとう》は、ゆでたり焼《や》いたりが1つのフライパンでできるので、洗《あら》い物《もの》をへらせるんですよ。順番《じゅんばん》も、ブロッコリーをゆでる➡いりたまごを作《つく》る➡とりそぼろを作《つく》るというように、フライパンのよごれづらい順《じゅん》で行《おこな》うので、より効率的《こうりつてき》に作業《さぎょう》ができます。いりたまごととりそぼろは、さいばしで細《こま》かくまぜながら火《ひ》を通《とお》します。どちらもはしを4本《ほん》持《も》ってまぜるとうまくできますよ。

　わたしが作《つく》ると、用意《ようい》を合《あ》わせて15分《ふん》ぐらいですが、みなさんは、あわてないでていねいに作《つく》ってくださいね。もし失敗《しっぱい》したら、どうして失敗《しっぱい》したか原因《げんいん》をよく考《かんが》えてみて。次《つぎ》はその原因《げんいん》を解決《かいけつ》するように作《つく》ってみると前《まえ》とはちがうものになります。失敗《しっぱい》は成功《せいこう》のもと！　ぜひチャレンジしてみてください。

藤井恵（ふじい　めぐみ） 雑誌、書籍、テレビ等で活躍する料理研究家・管理栄養士。著書に『藤井弁当』（学研プラス）、『居酒屋ふじ井』（永岡書店）など多数。

そぼろ弁当《べんとう》を作《つく》るには

	材料《ざいりょう》をそろえておく	・ごはんをたいておく
	弁当箱全体《べんとうばこぜんたい》に、ごはんを広《ひろ》げてつめる	・ごはんを冷《さ》ます
下《した》ごしらえ	ブロッコリーをあらって、包丁《ほうちょう》で小《こ》ぶさに分《わ》けて切《き》っておく	・食《た》べやすい大《おお》きさに切《き》る
	器《うつわ》にたまごを割《わ》り入《い》れ、Ⓐを入《い》れてかきまぜておく	
	別《べつ》の器《うつわ》にとりひき肉《にく》とⒷを入《い》れてよくまぜておく	
ブロッコリー	フライパンに水《みず》を入《い》れて、中《ちゅう》火《び》にかける お湯《ゆ》がわいたら、塩《しお》を入《い》れてブロッコリーをゆでる フライパンから取《と》り出《だ》して、お湯《ゆ》をすてる	・ゆで時《じ》間《かん》は、1分《ぷん》30秒《びょう》くらい ・キッチンペーパーをしいたバットで冷《さ》ます
いりたまご	たまご液《えき》を入《い》れて、フライパンを中《ちゅう》火《び》にかける たまごがポロポロになるまでまぜる フライパンから取《と》り出《だ》す	ポイント ・さいばしを４本《ほん》持《も》ってまぜると細《こま》かくできる！ ・バットで冷《さ》ます
とりそぼろ	とりひき肉《にく》を入《い》れて、フライパンを中《ちゅう》火《び》にかける 汁《しる》気《け》がなくなるまで、3、4分《ぷん》まぜ続《つづ》ける フライパンから取《と》り出《だ》す	・バットで冷《さ》ます
	ごはんの上《うえ》に、いりたまご・とりそぼろをのせ、間《あいだ》にブロッコリーをつめる	

重要《じゅうよう》

時《じ》間《かん》を考《かんが》えておかないと、間《ま》に合《あ》わないよ！

同《おな》じフライパンが使《つか》える！

あらわないでOK

※よごれていたら、ふき取《と》るかあらってね。

完成《かんせい》!!

オレたちが作《つく》ったぜ！

《保護者のかたへ》包丁・火を使う際は、お子様についてあげてください。フライパンはコーティング加工を施してあるものを使用しています。

コラム2 “時《とき》”にまつわる世界《せ》《かい》のことわざ

どっちなの!?

いそぐな!?

あせらず落《お》ち着《つ》いて、しんちょうに！

日《に》本《ほん》 急《いそ》がば回《まわ》れ

ロシア ゆっくり行《い》けば遠《とお》くまで行《い》ける

フランス ゆっくり急《いそ》げ

ナイジェリア ゆっくりゆっくりでサルをつかまえられる

あせらないで、チャンスを待《ま》て！

日《に》本《ほん》 果《か》報《ほう》はねて待《ま》て

トルコ メロンやスイカはねながら育《そだ》つ

イギリス ねている人《ひと》のあみが魚《さかな》をとる

でも、のんびりしすぎにも注《ちゅう》意《い》！

タイミングをのがしたり、やるべきときにやらないと手《て》おくれになることもある…。

日《に》本《ほん》 後《あと》の祭《まつ》り

日《に》本《ほん》 夏《なつ》歌《うた》うものは冬《ふゆ》泣《な》く

フランス 食《しょく》事《じ》の後《あと》にマスタード

ハンガリー 雨《あめ》の後《あと》での雨《あま》がっぱ

どっちなの!? いそげ!?

よいと思《おも》ったら、すぐにとりかかれ!

日《に》本《ほん》 善《ぜん》は急《いそ》げ

アラブ 善《ぜん》をなすのに相談《そうだん》はいらぬ

ドイツ 新鮮《しんせん》な魚《さかな》がよい魚《さかな》だ

何《なに》かしようと思《おも》ったら、すぐに実行《じっこう》だ!

日《に》本《ほん》 思《おも》い立《た》ったが吉日《きちじつ》

イギリス 先《さき》のばしは時間《じかん》どろぼう

ジョージア 先《さき》にのばした仕事《しごと》は悪魔《あくま》のもの

でも、急《いそ》ぎすぎにも注意《ちゅうい》!

急《いそ》いでやると失敗《しっぱい》しやすいから、しんちょうにね。

日《に》本《ほん》

急《せ》いては事《こと》を仕損《しそん》じる

アフリカ

ゆっくりゆっくり、バナナはうれる

モンゴル

足《あし》の速《はや》いウサギのかかとにフン

チャンスをのがすな!

日《に》本《ほん》 好機逸《こうきいっ》すべからず

マレーシア バナナは一度《いちど》しか実《み》をつけない

ラオス 温《あたた》かいうちに食《た》べ、よっているうちにおどれ

PART 3

時間《じかん》の おなやみ相談室《そうだんしつ》

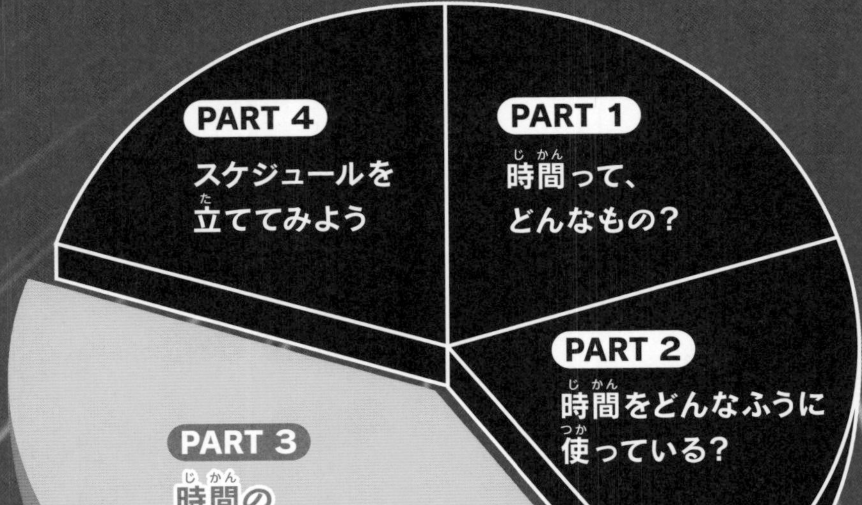
PART 4
スケジュールを
立《た》ててみよう
PART 1
時間《じかん》って、
どんなもの？
PART 2
時間《じかん》をどんなふうに
使《つか》っている？
PART 3
時間《じかん》の
おなやみ相談室《そうだんしつ》

目的《もくてき》（＝宿題《しゅくだい》）のための環境《かんきょう》が整《ととの》っていなければ、やる気《き》もどこかへ行《い》ってしまうよ。
まず、つくえをかたづけて、勉強《べんきょう》ができるスペースを作《つく》りましょう。
スッキリ!

部屋《へや》スッキリ！

気《き》が散《ち》るものをかくす！

だから、かくしてしまうの!
かくすポイント
箱《はこ》に入《い》れる
布《ぬの》をかぶせる
つくえの上《うえ》には絶対《ぜったい》に置《お》かない

時間《じかん》の使《つか》い方《かた》が上手《じょうず》になるスイッチって!?

計画《けいかく》を立《た》てる！

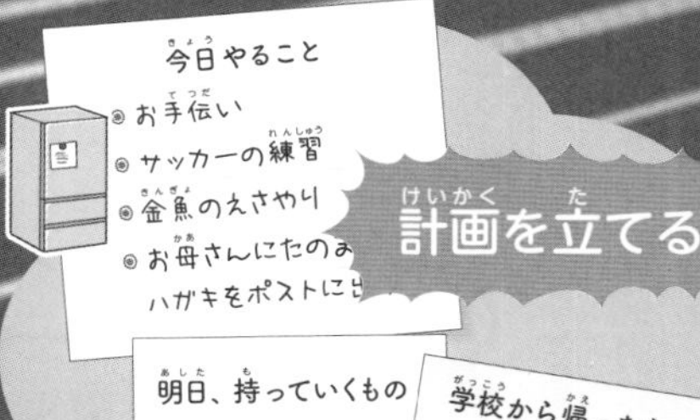
今日《きょう》やること
お手伝《てつだ》い
サッカーの練習《れんしゅう》
金魚《きんぎょ》のえさやり
お母《かあ》さんにたのみ
ハガキをポストに出
明日《あした》、持《も》っていくもの
おりがみ
牛乳《ぎゅうにゅう》の空《あ》きパック
画用紙《がようし》
学校《がっこう》から帰《かえ》ったらやること
ランドセルの中《なか》のものを全部《ぜんぶ》出《だ》す
プリントをわたす
1日《にち》のやることリストを書《か》く
おやつ

タイマーで集中《しゅうちゅう》！

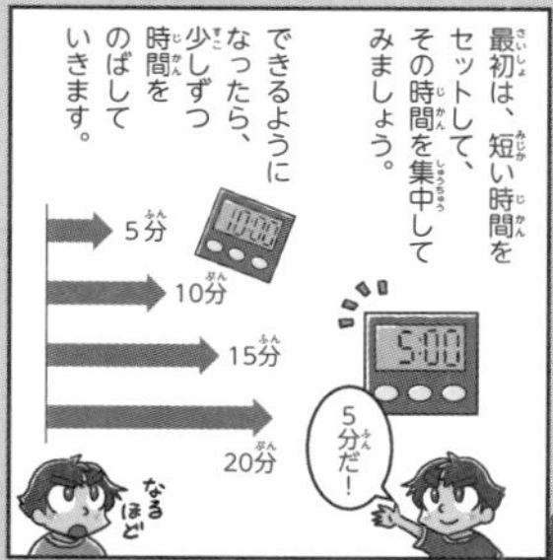
最初《さいしょ》は、短《みじか》い時間《じかん》をセットして、その時間《じかん》を集中《しゅうちゅう》してみましょう。
できるようになったら、少《すこ》しずつ時間《じかん》をのばしていきます。
5分《ふん》
10分《ふん》
15分《ふん》
20分《ふん》
5分《ふん》だ!
なるほど

PART 3を読《よ》む前《まえ》に

きみは、時間《じかん》の使《つか》い方《かた》で工夫《くふう》していることはある？

時間《じかん》の使《つか》い方《かた》が上手《じょうず》になる スイッチを教《おし》えるよ！

ハーイ！
イロハのおなやみ相談室《そうだんしつ》始《はじ》めまーす。
オレの本《ほん》、早《はや》く返《かえ》せよ！
って、聞《き》けよ！
みなさん、ならんでくださいね。
ひとりずつでーす
ん？
あれ、おさななじみのかすみちゃん！
ちーっす

かすみちゃんも
なやみがあるの?
そうなの。
やりたいことが
たくさんあるのに、
時間《じかん》が足《た》りなくて
全部《ぜんぶ》できないんだ。
わかるぜ…。
ゲームをしてたら
あっという間《ま》に夜《よる》に
なってるんだよなあ。
オレたちも、しかられて
ばっかりなんだぜ…。
ダラダラ
しないの!
宿題《しゅくだい》
終《お》わったの!?
何時《なんじ》だと
思《おも》ってるの!
早《はや》く
ねなさいよ!
これから、
いろんな方法《ほうほう》を紹介《しょうかい》するから、
自分《じぶん》に合《あ》うものを見《み》つけてね。
本《ほん》返《かえ》せよ
自分《じぶん》とはちがうタイプの
アドバイスの中《なか》にも、
役立《やくだ》つものがあるかも!

おなやみ 1

当《あ》てはまるのは タイプA《エー》 タイプB《ビー》 タイプC《シー》

やる気《き》が出《で》なくて、ダラダラしてしまいます……

まったく…、いつもダラダラしてばっかり…。
くさい
おーい、オレたちのやる気《き》どこ行《い》ったー？
帰《かえ》ってこいよー。
お兄《にい》…やる気《き》は、待《ま》っているだけじゃ出《で》て来《き》てくれないみたい。
なに!!
気分《きぶん》が乗《の》らないときは、とにかく手《て》や体《からだ》を動《うご》かしてみるといいんだって。
やる気《き》出《で》ないけど
やってみるか
うおお
いつのまにか
やる気《き》全開《ぜんかい》！
ON
そうするうちに、自然《しぜん》とやる気《き》が出《で》てくるから！
次《つぎ》に紹介《しょうかい》するスイッチの中《なか》から、自分《じぶん》に合《あ》うものを選《えら》んでためしてみてね。

スイッチ

部屋《へや》をきれいにかたづける

宿題《しゅくだい》を
やろうかなって
思《おも》ったときに、
つくえが散《ち》らかって
いたことはない？
ごちゃ
ごちゃ
あるある。
いつもだよ。
やる気《き》
なくなる。

目的《もくてき》（＝宿題《しゅくだい》）のための
環境《かんきょう》が整《ととの》っていなければ、
やる気《き》もどこかへ
行《い》ってしまうよ。
まず、つくえを
かたづけて、
勉強《べんきょう》ができる
スペースを
作《つく》りましょう。
スッキリ

時間の書

かたづけが苦手《にがて》な人《ひと》はこれ！

箱《はこ》を３こ用意《ようい》して、つくえの上《うえ》にあるものを、種《しゅ》類《るい》ごとに分《わ》けて入《い》れよう。

学校《がっこう》のもの
プリント
教科書《きょうかしょ》 など

習《なら》い事《ごと》のもの
水泳《すいえい》セット
ピアノの楽譜《がくふ》 など

その他《た》のもの
本《ほん》・マンガ・
ゲーム など

スイッチ かんたんにできそうなことから始《はじ》める

やる気《き》が出《で》ない理由《りゆう》のひとつに、こんなことはない？
何《なに》から始《はじ》めたらいいかわからない
ドリル
やることがいっぱいあるとそうなっちゃうんだよ！
そんなときは、「算数《さんすう》の問題《もんだい》を1問《もん》だけ」や、「3分《ぷん》だけつくえに向《む》かってみる」ということをやってみて！
まずは1問《もん》やってみよう
これならかんたんそう
ドリル
それができたら、問題数《もんだいすう》を増《ふ》やしたり、勉強《べんきょう》する時間《じかん》を長《なが》くしたりしていってね。
「できた！」っていう気持《きも》ちが、次《つぎ》のやる気《き》を連《つ》れて来《き》てくれるんだよ。
ムムム
なるほど

スイッチ　最初《さいしょ》にやることを決《き》めておく

勉強《べんきょう》するときに、最初《さいしょ》にやることを決《き》めておくっていう方法《ほうほう》もあるよ。
どういうこと？
たとえば、プールに入《はい》るときに、前《まえ》もってしておくことは何《なに》？
着《き》がえて…、消毒《しょうどく》して…、ええと、準備体操《じゅんびたいそう》！
それと同《おな》じように、勉強《べんきょう》の前《まえ》にも、毎回同《まいかいおな》じことをするといいんだって！
かんたんなことがいいよ
漢字《かんじ》を10回《かい》書《か》く
つくえの整理《せいり》
鉛筆《えんぴつ》をけずるなど
たとえばそうじをするなら…
● そうじをするはんいを決《き》める
● 必要《ひつよう》な掃除道具《そうじどうぐ》を用意《ようい》する
● まどを開《あ》ける
何《なに》からしようかと迷《まよ》わなくなって、用意《ようい》している間《あいだ》に気持《きも》ちの準備《じゅんび》もできるんだよ。
そっかー
こんな方法《ほうほう》もおすすめ
始《はじ》めるときにお気《き》に入《い》りの音楽《おんがく》をかけてみよう。スタートの合図《あいず》になるよ。

スイッチ 1日《にち》のスケジュールを立《た》てる

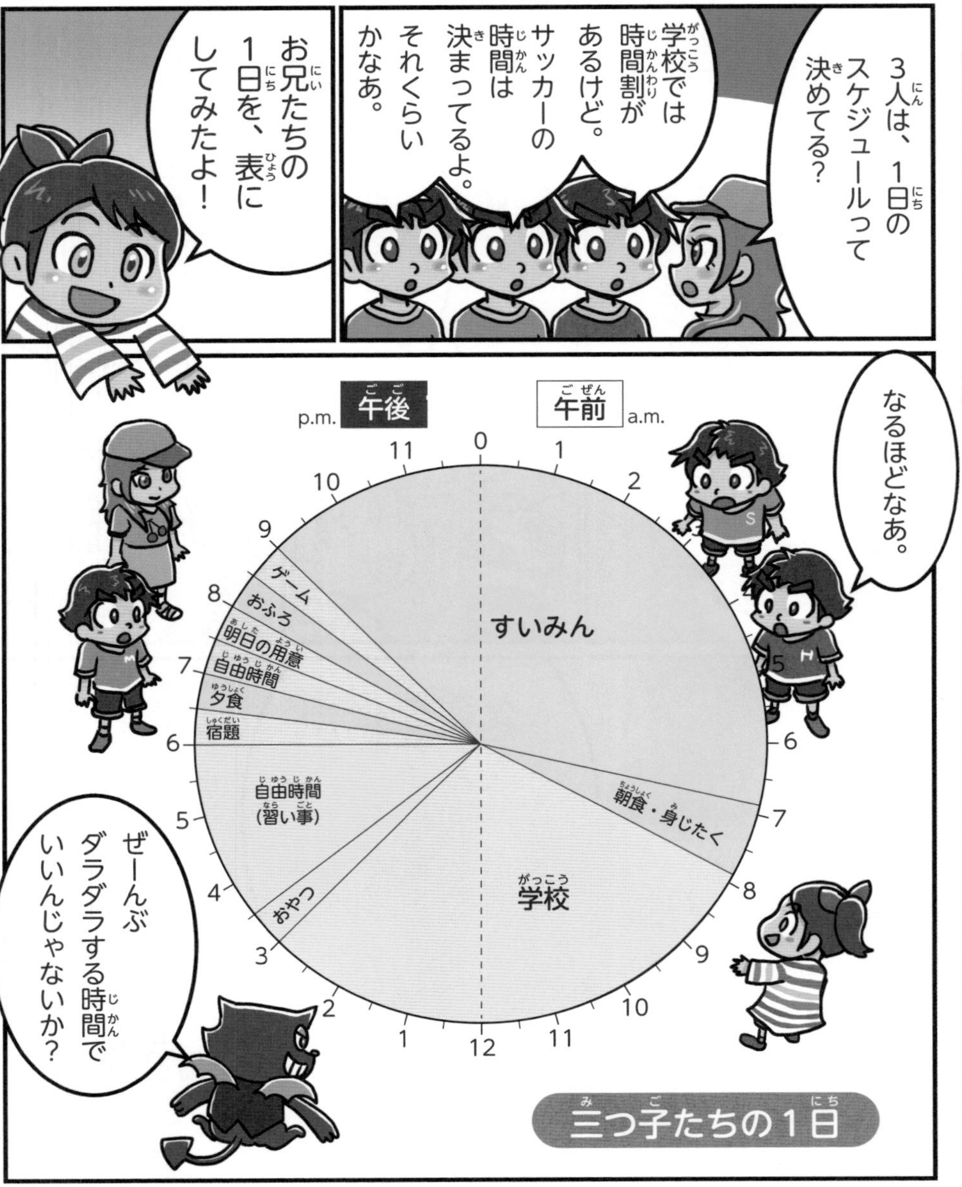

三《み》つ子《ご》たちの1日《にち》

❶スケジュールが書《か》けたら、目《め》立《だ》つところにはる
ここはちがうと思《おも》うな…
ぺた
目《め》立《だ》つ
ここだよ
❷時《と》計《けい》をよく見《み》て、時《じ》間《かん》を意《い》識《しき》する
5時《じ》だ。
5時《じ》だな。
5時《じ》1分《ぷん》だ。
❸おうちの人《ひと》にも見《み》てもらって、協力《きょうりょく》してもらう
はーい
もうすぐ6時《じ》だから、宿《しゅく》題《だい》の時《じ》間《かん》よ。
❹スケジュールどおりにできたら、○をつける
7月《がつ》
日《にち》 月《げつ》 火《か》 水《すい》 木《もく》 金《きん》 土《ど》
カレンダーがおすすめだよ！
スケジュールどおりにやってみてうまくいかなかったら、どんどん作《つく》り直《なお》してみてね。
学《がっ》校《こう》や習《なら》い事《ごと》の予《よ》定《てい》によっても、ちがうものになるよ。
火《か》曜《よう》日《び》は、サッカーの練《れん》習《しゅう》があるよ。
水《すい》曜《よう》日《び》は、夕《ゆう》飯《はん》前《まえ》にテレビを見《み》たいんだよ。
土《ど》日《にち》は、学《がっ》校《こう》がないからたっぷり遊《あそ》びたいんだ。

おなやみ 2

当《あ》てはまるのは タイプB《ビー》 タイプA《エー》 タイプF《エフ》

“つい○○しちゃう”のをやめたいんです……

イロハ、オレの相談《そうだん》も聞《き》いてよ。
ミド兄《にい》は、どんななやみがあるの？
宿題《しゅくだい》をしようと思《おも》っているのに、つい他《ほか》のことをしちゃって、なかなか始《はじ》められないんだよ。
つい
つい
つい
マンガ
宿題《しゅくだい》
理想《りそう》のコース
現実《げんじつ》のコース
ケケケ
それには、こんなスイッチをどうぞ！
ザ・宿題《しゅくだい》を始《はじ》めるまでの道《みち》

スイッチ　○○をかくす

ズバリ！
気《き》が散《ち》るものをかくしてしまうんです。
マンガ
ゲーム
おもちゃ
えっ!?

おやつがあれば、食《た》べたくなる…。
同《おな》じように、ゲームやマンガが目《め》に入《はい》れば、宿題《しゅくだい》よりも気《き》になって当然《とうぜん》!!
漢字
ドリル

だから、かくしてしまうの！
かくすポイント
箱《はこ》に入《い》れる
つくえの上《うえ》には絶対《ぜったい》に置《お》かない
布《ぬの》をかぶせる

時間《じかん》の書《しょ》

かくしても○○しちゃう子《こ》にはこれ！

おうちの人《ひと》にあずけてしまおう。

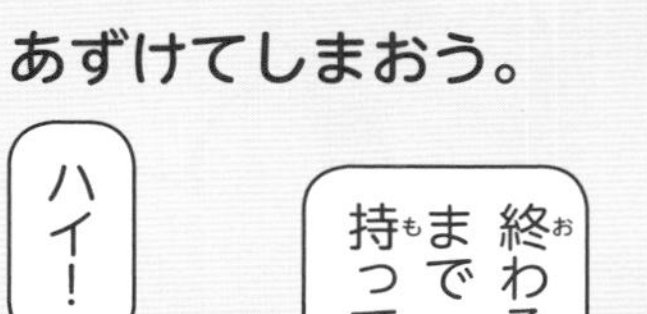
終《お》わるまで持《も》ってて。
ハイ！

スイッチ ○○がないところへ行《い》く

「○○がないところ」なんて、ある?
あります! とっても勉強《べんきょう》しやすい場《ば》所《しょ》なんだよ。
それは、ここ…。
図《と》書《しょ》館《かん》!!
ひいい
テレビもゲームもない…。

スイッチ ○○をごほうびにする

「つい、○○しちゃう」のがよくないのは、やらなきゃいけないことのための時間《じかん》をうばってしまうからなんだって。
だから、しっかりできたときのごほうびとして、「○○してもよい」というスイッチを作《つく》ってみるのはどうでしょう。
30分《ぷん》勉強《べんきょう》するぞ!!
30分《ぷん》しっかりできた!!
ごほうびタイムだ!!

しっかりやった後《あと》だと、気分《きぶん》もいいんだよ！
ごほうびだいすきー!

こんな方法《ほうほう》もおすすめ

お気《き》に入《い》りの道具《どうぐ》でやる気《き》がアップする！

「つい、勉強《べんきょう》したくなる」「つい、練習《れんしゅう》したくなる」ような、お気《き》に入《い》りの道具《どうぐ》をそろえてみよう。

おなやみ3

当《あ》てはまるのは タイプC《シー》 タイプA《エー》 タイプB《ビー》 タイプD《ディー》 タイプE《イー》

本当《ほんとう》は「後《あと》でやる」って言《い》いたくないんです……

月曜日《げつようび》
金曜日《きんようび》に、計算《けいさん》プリント4枚《まい》出《だ》すんだって。
じゃあ、月《げつ》・火《か》・水《すい》・木《もく》で4日《か》もある!
遊《あそ》ぼう
木曜日《もくようび》
大変《たいへん》だなあ。
今日中《きょうじゅう》に4枚《まい》か…。
あれっ、漢字《かんじ》の書《か》き取《と》りもあったんだ!
イロハ〜、助《たす》けて!!
あたちは、3才《さい》だからできないもん。
時間《じかん》なんて、たっぷりあったはずなのに…。
いつもギリギリになってからあわててるよ
シャキーン
お兄《にい》たちは「たっぷり」のことがよくわかっていないみたいだよ。
しょうがないなぁ

ある日《ひ》の三《み》つ子《ご》たち
朝《あさ》
サッカー
宿題《しゅくだい》30分《ぷん》
4×3=
夕食《ゆうしょく》
朝食《ちょうしょく》
おふろ
自由時間《じゆうじかん》
おやつ
学校《がっこう》
夜《よる》
お兄《にい》たちのスケジュールだと、宿題《しゅくだい》は、1日《にち》24時間《じかん》のうちの30分間《ぷんかん》だけなんだよ。
たっぷりあると思《おも》った時間《じかん》は、実《じつ》は1日《にち》のうちの少《すこ》しの時間《じかん》を積《つ》み重《かさ》ねたものなの。後回《あとまわ》しにすればするほど、時間《じかん》は少《すく》なくなっていくんだよ。
30分《ぷん》
30分《ぷん》
30分《ぷん》
30分《ぷん》
4日間《かかん》で2時間《じかん》
30分《ぷん》
30分《ぷん》
30分《ぷん》
30分《ぷん》
1日《にち》で30分《ぷん》
だから、少《すこ》しずつやっていくことが大事《だいじ》なんだよ。
でもさ…、オレたちは悪《わる》くないんじゃない？
クロックンの魔力《まりょく》のせいだもんな！
もう、クロックン、あっちいけよ！

“大《おお》きな計画《けいかく》”と“小《ちい》さな計画《けいかく》”を立《た》てる

〈用意《ようい》するもの〉

7 JULY						
日	月	火	水	木	金	土
				1	2	3
4	5	6	7	8	9	10
11	12	13	14	15	16	17
18	19	20	21	22	23	24
25	26	27	28	29	30	31

1か月《げつ》ごとのカレンダー

大《おお》きな計画《けいかく》とは？

その月《つき》にやることを書《か》いた、1か月分《げつぶん》のスケジュール表《ひょう》のこと。

7月《がつ》

日《にち》	月《げつ》	火《か》	水《すい》	木《もく》	金《きん》	土《ど》
				1	2	3
4	5	6	7	8	9	10
11	12	13	14	15	16	17
18	19	20	21	22	23	24
25	26	27	28	29	30	31

ノートに自分《じぶん》でカレンダーを書《か》くのもいいよ！

7 JULY

水《すい》	木《もく》	金《きん》	土《ど》
	1	2 漢字《かんじ》ミニテスト	3
7 なわとび検定《けんてい》	8	9 計算《けいさん》ミニテスト	10
14	15	16 朝《あさ》の会《かい》スピーチ	17 サッカーの試合《しあい》
21	22	23	24

「いつ」「何《なに》が」あるかを書《か》いておくと、あとどれくらいの時間《じかん》があるかわかりやすいよ。

行事《ぎょうじ》なども書《か》いておこう

〈用意《ようい》するもの〉

ノート

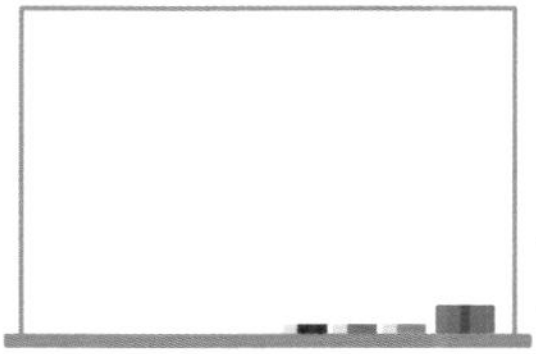

くり返《かえ》し使《つか》えるホワイトボードなどもいいよ！

小《ちい》さな計画《けいかく》とは？

大《おお》きな計画《けいかく》を達成《たっせい》するために、１週間《しゅうかん》または、１日《にち》にやることをくわしく書《か》き出《だ》したリストのこと。

終《お》わったら赤線《あかせん》で消《け》していくと、気分《きぶん》がいいよ！

１週間《しゅうかん》タイプ

〈7月《がつ》4～10日《か》にやること〉

毎日《まいにち》やること	それ以外《いがい》
◎ 宿題《しゅくだい》 ◎ 音読《おんどく》 3ページ	月《げつ》なわとび練習《れんしゅう》 10分《ぷん》 火《か》なわとび練習《れんしゅう》 10分《ぷん》 水《すい》計算《けいさん》プリント3枚《まい》 木《もく》計算《けいさん》プリント3枚《まい》

「何《なに》」を「どれくらい」するのか、くわしく書《か》くようにしよう

1日《にち》タイプ

〈7月《がつ》7日《か》　今日《きょう》やること〉

- ◎ 宿題《しゅくだい》
- ◎ 音読《おんどく》 3ページ
- ◎ 計算《けいさん》プリント3枚《まい》

1週間《しゅうかん》タイプか1日《にち》タイプかは、自分《じぶん》に合《あ》うほうを選《えら》んでね。

時間《じかん》の書《しょ》 小《ちい》さな計画《けいかく》のやることリストは、いろんな使《つか》い方《かた》ができるよ！

今日《きょう》やること

- お手伝《てつだ》い
- サッカーの練習《れんしゅう》
- 金魚《きんぎょ》のえさやり
- お母《かあ》さんにたのまれたハガキをポストに出《だ》す

勉強以外《べんきょういがい》にもその日《ひ》、自分《じぶん》がすることを全部書《ぜんぶか》いておくと、１日《にち》の見通《みとお》しがもてる！

わすれもの防止《ぼうし》にもなる！

明日《あした》、持《も》っていくもの

- おりがみ
- 牛乳《ぎゅうにゅう》の空《あ》きパック
- 画用紙《がようし》

同《おな》じ場面《ばめん》でいつもすることを書《か》いておくのもおすすめ！

学校《がっこう》から帰《かえ》ったらやること

- ランドセルの中《なか》のものを全部《ぜんぶ》出《だ》す
- プリントをわたす
- １日《にち》のやることリストを書《か》く
- おやつ

いろいろな使《つか》い方《かた》を考《かんが》えてみてね。

スイッチ 時間《じかん》の感覚《かんかく》をもつ

時間《じかん》の感覚《かんかく》をもつって？
どういうこと？
どのくらい時間《じかん》がかかるかを、わかるようになることだよ。
算数《さんすう》
漢字《かんじ》
音《おん》
さっそく、宿題《しゅくだい》に取《と》りかかってみましょう♪
計《はか》りまーす。
よーい、スタート!!
カチッ
終《お》わったー。
おれもー
できたー
はい、結果《けっか》はー
ヒイ兄《にい》、算数《さんすう》ドリル1ページ、4分《ぷん》17秒《びょう》！
ミド兄《にい》、漢字《かんじ》ドリル1ページ、3分《ぷん》32秒《びょう》！
ソウ兄《にい》、音読《おんどく》2ページ、1分《ぷん》38秒《びょう》！
けっこうかかったな
ほう
はやい
もしも、ヒイ兄《にい》が、算数《さんすう》ドリル5ページをやるとしたら、4分《ぷん》17秒《びょう》×5ページで、「21分《ぷん》25秒《びょう》かかると予想《よそう》できる」っていうことだよ。

おなやみ 4

当《あ》てはまるのは タイプD《ディー》 タイプF《エフ》 タイプB《ビー》

いつの間《ま》にか ぼんやりしちゃうんです……

宿題《しゅくだい》してくる!
おやつ用意《ようい》しておくわね。
30分後《ぷんご》
静《しず》かに集中《しゅうちゅう》してるのかと思《おも》ったら…。
ぼへ〜〜
ぜんぜん進《すす》んでいないじゃない!!
おやつはなし!!
え〜〜〜
っていうなやみがあって…。
宿題《しゅくだい》してたはずなのに、いつのまにか、ぼんやりと…。
はっ、これもクロックンのせい!?
ケケケ
さがしますー
何《なに》か、いいスイッチがあるかもしれない!

スイッチ タイマーをセットする

はいっ！ いつのまにか、ぼんやりしちゃう人《ひと》には、**タイマー**をおすすめします！
キッチンで使《つか》うやつだね
長時間《ちょうじかん》、集中《しゅうちゅう》するのは、だれにとっても大変《たいへん》なことなのよ。
そう 大人《おとな》でもね…
最初《さいしょ》は、短《みじか》い時間《じかん》をセットして、その時間《じかん》を集中《しゅうちゅう》してみましょう。
できるようになったら、少《すこ》しずつ時間《じかん》をのばしていきます。
10:00
5:00
5分《ふん》だ！
5分《ふん》
10分《ぷん》
15分《ふん》
20分《ぷん》
こうすると、集中《しゅうちゅう》できる時間《じかん》が長《なが》くなっていくんだよ！
なるほど
集中《しゅうちゅう》!!
あちっ

スイッチ 時間《じかん》を細《こま》かく分《わ》ける

お兄《にい》たちの勉強《べんきょう》タイムはいつなの？
夕飯前《ゆうはんまえ》の30分間《ぷんかん》だよ。
ばーん
じゃあ、それを半分《はんぶん》に割《わ》ってしまいましょう！

同《おな》じ30分《ぷん》の勉強時間《べんきょうじかん》でも、15分《ふん》ずつ×2回《かい》に分《わ》けてみると、集中《しゅうちゅう》できて効率《こうりつ》が上《あ》がることがあります。
夕食《ゆうしょく》の前《まえ》に 30分《ぷん》
半分《はんぶん》
朝《あさ》、学校《がっこう》へ行《い》く前《まえ》に 15分《ぷん》
夕食《ゆうしょく》の前《まえ》に 15分《ぷん》
こっ、こんな方法《ほうほう》があるとは…。
じゃあ、3分《ぷん》ずつ10回《かい》にする？
ちょっと、それ短《みじか》すぎ。
朝起《あさお》きられるかなぁ
うーん

スイッチ “やる内容《ないよう》”と “やる場所《ばしょ》”を変《か》えてみる

勉強中《べんきょうちゅう》にわからなくなって考《かんが》えてると、そのままぼーっとしちゃうことがあるんだけど…。
わかる〜。
むずかしい…
もうダメだ…
こうなるよな
そんな顔《かお》にはならないよ！
そんなときは、こうしてみましょう。
やる内容《ないよう》を変《か》える
わからない問題《もんだい》をそのままにして、次《つぎ》の問題《もんだい》に取《と》りかかる
勉強《べんきょう》する科目《かもく》を変《か》えてみる
やる場所《ばしょ》を変《か》える
部屋《へや》を変《か》えてみる
立《た》ち上《あ》がって考《かんが》えてみる
トコトコ
算数《さんすう》
国語《こくご》
気持《きも》ちが切《き》りかわって、ぼんやり防止《ぼうし》になるよ！

こんな方法《ほうほう》もおすすめ ❶

頭《あたま》がスッキリする時間《じかん》を選《えら》ぶ！

１日《にち》のうちで頭《あたま》がスッキリしているのは、午前中《ごぜんちゅう》です。
土日《どにち》や、長《なが》いお休《やす》みのときは、
午前中《ごぜんちゅう》に勉強《べんきょう》をするようにすると、
集中《しゅうちゅう》して効率《こうりつ》よく進《すす》められますよ。
そして、夕方《ゆうがた》４～５時《じ》ごろも
集中《しゅうちゅう》しやすい時間帯《じかんたい》です。
午前中《ごぜんちゅう》にできないときは、
この時間《じかん》を使《つか》ってみる
のもいいですよ。

サクサク進《すす》むぜ！

こんな方法《ほうほう》もおすすめ ❷

つかれたときは気分転換《きぶんてんかん》を！

がんばりたくても、つかれていて頭《あたま》がぼんやりしちゃうことはあります。
そんなときは、気分転換《きぶんてんかん》をしましょう。
静《しず》かにすごしてもいいし、思《おも》いきり体《からだ》を
動《うご》かしてもいいし、自分《じぶん》に合《あ》う気分転換《きぶんてんかん》
の方法《ほうほう》を見《み》つけてくださいね。

とりゃー

イロハ
遊《あそ》んで～

ほうっ

おなやみ 5

当《あ》てはまるのは タイプE《イー》 タイプD《ディー》 タイプF《エフ》

何《なん》でもすぐにあきちゃうんです……

お母《かあ》さんとお父《とう》さんは、いつもいそがしそうだなあ。
オレたちも、お手伝《てつだ》いしなきゃな。
そうだよ、毎日《まいにち》やろうぜ。
食器洗《しょっきあら》い
ゴシゴシ
洗《せん》たくものたたみ
お風呂《ふろ》そうじ
まあ、助《たす》かるわ♡
ありがとうな。
数日後《すうじつご》
あれ、もう手伝《てつだ》ってくれないの?
あっ…。
すっかりわすれてた!
毎日《まいにち》やるって決《き》めてたのに!
ケケケ

スイッチ　シールをはったり、○をつけたりする

目標《もくひょう》を達成《たっせい》できたら、シールをはったり、○をつけたりするといいんだって。
ほほう!
画用紙《がようし》に書《か》いたり、カレンダーを使《つか》ったりしよう!
日《にち》 月《げつ》 火《か》 水《すい》 木《もく》 金《きん》 土《ど》
1 2 3
4 5 6 7 8 9 10
11 12 13 14 15 16 17
ペンの色《いろ》を変《か》えたり、好《す》きなマークに変《か》えたりして楽《たの》しもう!

時間の書

1週間《しゅうかん》ごとの特別《とくべつ》シールを作《つく》る!

1週間続《しゅうかんつづ》けることができたら、その日《ひ》はいつもとちがう特別《とくべつ》シールやスタンプをおしてみよう。やる気《き》が高《たか》まるよ。

この表《ひょう》を目立《めだ》つところにはれば、毎日《まいにち》わすれないよ!
ようし、パーフェクト目指《めざ》すぜ!!
おおーっ
ぺたっ

スイッチ 家族《かぞく》や友《とも》だちに協力《きょうりょく》してもらう

家族《かぞく》や友《とも》だちに協力《きょうりょく》をお願《ねが》いして、サポーターになってもらうのも方法《ほうほう》のひとつです。
サポーターって、
サッカーとかの応援《おうえん》する人《ひと》たちのこと？
ソウ・ミドリ・ヒイロ がんばれ！
自分《じぶん》の目標《もくひょう》を発表《はっぴょう》して、がんばることを宣言《せんげん》しちゃおう！
オレたち、宿題《しゅくだい》プリントを毎日《まいにち》2ページ進《すす》めます！
おおっ
わからないところはない？
おやつ用意《ようい》しておくね。
パワー
パワー
応援《おうえん》されたら、やるっきゃない!!

ファイト!
きもちはうれしいけど
がんばれ!!
う〜〜
うるさくない?
わあ、クロックンも応援《おうえん》ちてくれてるんだね。
てちたがふえたね!
はっ
しまった…つい昔《むかし》のくせで…。
やっちまったー
むかし?
オレ様《さま》はなあ、魔物《まもの》になる前《まえ》は、三《み》つ子《ご》たちの目《め》覚《ざま》まし時計《どけい》だったんだぜ!!
どうだビックリしたろ!!
えっ?
おれたち、目《め》覚《ざま》まし時計《どけい》なんて、
持《も》ってたっけ?
ええっ、覚《おぼ》えてないのか!?
ガーン
でもお友《とも》だちよ

おなやみ 6

当《あ》てはまるのは タイプF《エフ》 タイプD《ディー》 タイプB《ビー》

ダメって言《い》われても “ながら勉強《べんきょう》” しちゃいます……

おしゃべりストップ！
テレビは禁止《きんし》！
どうして、「ながら勉強《べんきょう》」は、だめって言《い》われるのかな？

それは、こんな理由《りゆう》かもしれないよ。
集中《しゅうちゅう》できないから、ミスしやすい！
計算《けいさん》ドリル
（ミドリ）
①60÷2＝120
②40÷4＝160
③20÷10＝200
④100÷10＝1000
かけ算《ざん》じゃなくて、割《わ》り算《ざん》だった！
集中《しゅうちゅう》できないから、効率《こうりつ》が悪《わる》い！
1時間《じかん》もやったのに、半分《はんぶん》しか終《お》わってない…。
ケケケ
そうこなくっちゃ！

スイッチ “ながら”ができない場所《ばしょ》へ行《い》く

「ながら」ができない場所《ばしょ》に行《い》っちゃうのもアリだよ！
図書館《としょかん》
リビングなど、おうちの人《ひと》がいる部屋《へや》
注意《ちゅうい》 テレビは消《け》してもらおう！

周《まわ》りに人《ひと》がいると、ついおしゃべりをしてしまうという人《ひと》は、一人《ひとり》になれる場所《ばしょ》に移動《いどう》しましょう。
注意《ちゅうい》 マンガやゲームなどはかくしておくこと！
※77ページも見《み》てね
あわわ マズイぞ

オレは、静《しず》かすぎると落《お》ち着《つ》かなくて、集中《しゅうちゅう》できないんだ。
そういうときは、音楽《おんがく》をかけてみるのがいいんだって！
音《おと》が大《おお》きいと、音楽《おんがく》に集中《しゅうちゅう》しちゃうから、小《ちい》さな音《おと》で静《しず》かな曲《きょく》をかけるのがおすすめだよ。
リラックスできるから、落《お》ち着《つ》いて勉強《べんきょう》できるようになるよ。
オレ様《さま》はにぎやかな曲《きょく》が好《す》きだぜ
魔《ま》のダンス！

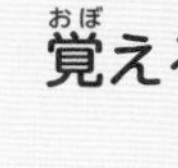
時間の書

こんな「ながら」勉強《べんきょう》ならおすすめ！

おふろに入《はい》りながら覚《おぼ》える。

トイレに入《はい》りながら覚《おぼ》える。

スイッチ

モノの置《お》き場所《ばしょ》を決《き》めておく

はさみ、どこだっけ？
ごちゃごちゃ
あ、これは、かすみちゃんがくれたアメ！
おいしいなあ。かすみちゃん、ギャルでかわいいんだよなあ。このアメ、もしかして、オレだけにくれたのかなあ。
ケケケ
あっ、お兄《にい》、他《ほか》のことを考《かんが》えながら勉強《べんきょう》してるでしょ！
ドキッ
さがしもので、集中力《しゅうちゅうりょく》が切《き》れちゃうのは、もったいないよ。
本当《ほんとう》だ。はさみをさがしてたのに、いつのまにかちがうことを考《かんが》えてたよ…。
そういうことが起《お》きないように、教科書《きょうかしょ》・ノート・文房具《ぶんぼうぐ》などは、いつも決《き》まった場所《ばしょ》に置《お》くようにしましょう。
余計《よけい》なモノは置《お》かない!!

おなやみ7

当《あ》てはまるのは タイプG《ジー》 タイプI《アイ》

スムーズに進《すす》められないんです……

お父《とう》さんの誕生日《たんじょうび》パーティー、オレたちで考《かんが》えてやっていい?
サプライズ!!
もちろん!
誕生日前日《たんじょうびぜんじつ》
準備《じゅんび》はできてるの?
明日《あした》やるだけだから大丈夫《だいじょうぶ》だよ!
誕生日当日《たんじょうびとうじつ》
ケーキはどこ?
あっ、たのむのわすれてた!
かざりつけするから、ちょっと待《ま》ってて!
ビールが飲《の》みたいな。
えっ、そんなの買《か》ってないよ。
お兄《にい》たち、大変《たいへん》そう…。段取《だんど》りをちゃんと考《かんが》えなかったのね。

スイッチ “段取《だんど》り”を考《かんが》える

段取《だんど》りって何《なん》だよ？
何《なに》かをするときに、どんな順番《じゅんばん》で進《すす》めるかっていうことだよ。
「とりあえずやってみよう」って、段取《だんど》りを考《かんが》えないで始《はじ》めてしまうと、何《なに》かをわすれていたり、二度手間《にどでま》になったりしてしまうよ。
はっ
段取《だんど》りを考《かんが》えるには、まずやることリストを作《つく》るといいよ。
これを見《み》れば、うっかりわすれることもなくなるね！
する日《ひ》ごとに、分《わ》けて書《か》いておくといいよ
お父《とう》さんの誕生日《たんじょうび》パーティー
いつ
7月《がつ》24日《か》　土曜日《どようび》　3時《じ》から
どこで
家《いえ》のリビング
やること
前日《ぜんじつ》までに
◉ 部屋《へや》のかざりを作《つく》る
◉ プレゼント（似顔絵《にがおえ》）の用意《ようい》
◉ フライドチキンとビールの用意《ようい》をお母《かあ》さんにたのんでおく
当日《とうじつ》
◉ ケーキを取《と》りに行《い》く
◉ テーブルに食《た》べ物《もの》と飲《の》み物《もの》をならべる
◉ 部屋《へや》のかざりつけ
◉ 部屋《へや》のそうじ
◉ おかしとジュースを買《か》う

次《つぎ》に、どんな順番《じゅんばん》でやればスムーズに進《すす》められるかを考《かんが》えていくの。
ケーキは、注文《ちゅうもん》しておこう。当日《とうじつ》は、だれが取《と》りに行《い》く？
みんなで行《い》こうよ。
部屋《へや》のかざりつけはどうするんだよ？
ケーキ担当《たんとう》、かざりつけ担当《たんとう》に分《わ》けるといいよ。あ、そうじ担当《たんとう》も必要《ひつよう》だね。
オレ、ケーキ!!
ケケケ
いいぞ、仲間割《なかまわ》れしやがれ！
時間《じかん》に間《ま》に合《あ》わなくなるぞ～。
もうひとつ、大事《だいじ》なことがあるよ。それぞれどれくらい時間《じかん》がかかるかを考《かんが》えておいてね。
パーティーは、3時《じ》に始《はじ》めたいから…。
そうじは、30分《ぷん》で終《お》わるかな？
かざりつけは…。

誕生日《たんじょうび》パーティー再《さい》チャレンジ！

3日前《みっかまえ》

お母《かあ》さんに伝言《でんごん》

他《ほか》の人《ひと》に協力《きょうりょく》してもらうときは、早《はや》めに伝《つた》える。

2日前《ふつかまえ》

プレゼントの用意《ようい》

前日《ぜんじつ》

かざりを作《つく》る

当日《とうじつ》

12:00 準備《じゅんび》スタート！

買《か》い物《もの》

ケーキやおかしなど、買《か》い物《もの》は一度《いちど》にまとめてすます。

そうじ

買《か》い物《もの》に行っている間《あいだ》にそうじをして、時間《じかん》を節約《せつやく》。

かざりつけ

部屋《へや》がきれいになったら、3人《にん》で部屋《へや》のかざりつけ。

テーブルの準備《じゅんび》

他《ほか》の用意《ようい》が整《ととの》ったら、3人《にん》でテーブルに料理《りょうり》や飲《の》み物《もの》をならべる。

それぞれどれくらい時間《じかん》がかかるかを考《かんが》えて、当日《とうじつ》は、12時《じ》から準備《じゅんび》することにしたよ！

3:00 パーティースタート！

大成功《だいせいこう》！

時間の書

家事《かじ》も段取《だんど》りしだいで変《か》わる!

おうちの人《ひと》は、そうじをどうやってしているかな?

❶ まどを開《あ》ける。

❷ ゆかに散《ち》らかっているものをかたづける。

❸ 高《たか》いところから低《ひく》いところへ向《む》かう順番《じゅんばん》で、ほこりをはらう。

❹ 部屋《へや》のおくからそうじ機《き》をかける。

❺ ゆかをふく。

❻ まどをしめる。

どんな順番《じゅんばん》でやってるかなんて、考《かんが》えたことなかったよ。
段取《だんど》りって、どんなことにも必要《ひつよう》なんだね。
最初《さいしょ》にまどを開《あ》けないと、部屋《へや》の中《なか》がほこりっぽくなっちゃうのよ。
ゆかに散《ち》らかっているものをどかさないと、そうじきがかけにくいんだ。
S
M

おなやみ 8

当《あ》てはまるのは タイプH《エイチ》

終《お》わりの時間《じかん》を守《まも》れないんです……

お待《ま》たせっ！
4時半《じはん》
おそいよ。4時《じ》の約束《やくそく》だったよね？
ごめん！マンガがいいところで…。
ひどい
かすみちゃんをおこらせてしまった…。
マンガを読《よ》むのをやめられなくてな！
キキキ
わかっていても、途中《とちゅう》でやめられないことってあるよね。熱中《ねっちゅう》しすぎて、時間《じかん》をわすれてしまったり…。
でも、終《お》わりの時間《じかん》を守《まも》るのはとっても大事《だいじ》なことです。
だって、それは次《つぎ》の予定《よてい》の始《はじ》まりの時間《じかん》だから!!

スイッチ　目覚《めざ》まし時計《どけい》やタイマーを使《つか》う

朝《あさ》以外《いがい》にも、目覚《めざ》まし時計《どけい》を使《つか》うの？
そう！
キッチンタイマーといっしょに使《つか》うと、心強《こころづよ》い味方《みかた》になってくれるんだって！

❶目覚《めざ》まし時計《どけい》のアラームを、終《お》わりの時間《じかん》5分前《ふんまえ》にセットする
ピピピ
あと5分《ふん》
❷ここで、タイマーを5分《ふん》にしてスタート！
おしまい
ピピピ
まず、❶のアラームで「終《お》わりの心《こころ》づもり」ができて、次《つぎ》の予定《よてい》にうつりやすくなるの。
そして、❷のタイマーが鳴《な》ったら、そのときは完全終了《かんぜんしゅうりょう》だよ！

時間の書

目覚《めざ》まし時計《どけい》の便利《べんり》な機能《きのう》を使《つか》おう！

「スヌーズ」という、一度《いちど》止《と》めても、またしばらくするとアラームが鳴《な》る機《き》能《のう》がついている時計《とけい》があるよ。

スイッチ

次《つぎ》にすることをチェックしておく

好《す》きなことをしていると、時間《じかん》をわすれちゃうんだよな…。
楽《たの》しいときは、時間《じかん》が早《はや》くたつ気《き》がするから、時計《とけい》をよく見《み》るようにしてみて。そして、何時《なんじ》に終《お》わらせれば、次《つぎ》の予定《よてい》に間《ま》に合《あ》うかをチェックするといいよ。
マンガ
えっと、4時《じ》にかすみちゃんの家《いえ》につきたいから、マンガは3時《じ》55分《ふん》まで！
歩《ある》いて5分《ふん》！

待《ま》ち合《あ》わせをしているときや、電車《でんしゃ》やバスなどの発車時間《はっしゃじかん》が決《き》まっているときは、時計《とけい》のアラームやタイマーを使《つか》うといいよ。
オレたちで、時間《じかん》を教《おし》え合《あ》おうぜ！
オレ、わすれちゃうよ！
そっか…。やっぱりアラームだな！

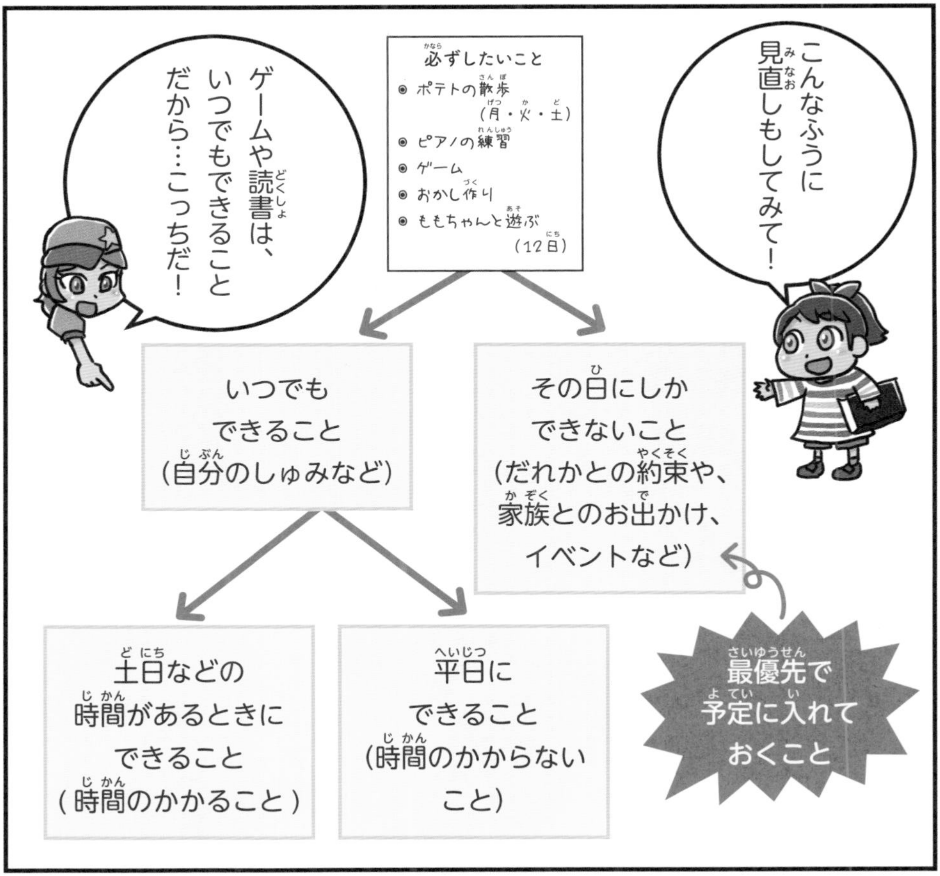
こんなふうに見直《みなお》しもしてみて！
必《かなら》ずしたいこと
ポテトの散歩《さんぽ》(月《げつ》・火《か》・土《ど》)
ピアノの練習《れんしゅう》
ゲーム
おかし作《づく》り
ももちゃんと遊《あそ》ぶ(12日《にち》)
ゲームや読書《どくしょ》は、いつでもできることだから…こっちだ！
その日《ひ》にしかできないこと(だれかとの約束《やくそく》や、家族《かぞく》とのお出《で》かけ、イベントなど)
いつでもできること(自分《じぶん》のしゅみなど)
最優先《さいゆうせん》で予定《よてい》に入《い》れておくこと
平日《へいじつ》にできること(時間《じかん》のかからないこと)
土日《どにち》などの時間《じかん》があるときにできること(時間《じかん》のかかること)

時間の書 すいみん時間《じかん》はしっかりとろう！

どんなにやりたいことがあっても、ねむる時間《じかん》をけずるのはダメです。すいみんは、みんなが成長《せいちょう》するのにとっても大切《たいせつ》な時《じ》間《かん》だよ。

こうやって見直《みなお》しをしていくと、予定《よてい》をつめこみすぎることがなくなるよ。
あっ、習《なら》い事《ごと》の日《ひ》のポテトの散歩《さんぽ》は、お姉《ねえ》ちゃんと曜日《ようび》を代《か》わってもらおうかな。
そっかあ

おなやみ特別編《とくべつへん》

朝《あさ》の時間《じかん》

毎朝《まいあさ》、バタバタして大変《たいへん》なんです……

おはよう。朝《あさ》よ！
う〜〜ん。
ムニャ
もうちょっと…。
ムニャ
カチン
起《お》きなさーい!!
うるさいよお。お兄《にい》たちのせいで、目《め》が覚《さ》めちゃった。
おちた…
だって、ねむくて起《お》きられないんだよ。

朝食《ちょうしょく》
Z
トイレ
歯《は》みがき
学校《がっこう》のしたく
筆《ふで》ばこと…
?
着《き》がえ
登校《とうこう》
いってきまーす
いってらたーい!
ようやく静《しず》かになったわ。
ちょっとお母《かあ》さん、今日《きょう》は祝日《しゅくじつ》だよ!
ケケケ
あら?
そういえば…
ズコー

朝《あさ》スイッチ

毎日《まいにち》、同《おな》じ時間《じかん》にねて起《お》きる

人間《にんげん》には、
太陽《たいよう》がのぼって空《そら》が明《あか》るくなると
活動《かつどう》して、太陽《たいよう》がしずんで
暗《くら》くなると休《やす》む
という体《からだ》のリズムがある。
夜《よる》
昼間《ひるま》
休《やす》む
活動《かつどう》する
夜《よる》にしっかりねむらないと、朝《あさ》起《お》きられなかったり、昼間《ひるま》に頭《あたま》がぼんやりしちゃったり…ということになってしまうんだよ。

すいみん（ねむること）は、体《からだ》と心《こころ》の成長《せいちょう》にとても大事《だいじ》なんだよ。
おおっ、だから朝《あさ》ねぼうも大事《だいじ》ってことだな！
うんうん
ちがいます!!

毎朝《まいあさ》、決《き》まった時間《じかん》に3人《にん》を起《お》こすことが生《い》きがいだった。
そんなある日《ひ》、オレ様《さま》の電池《でんち》が切《き》れたんだ。
ZZ
シーン
すぐに交換《こうかん》してくれると思《おも》ったのに…。
今度《こんど》でいいよな。
お母《かあ》さんが起《お》こしてくれるよ。
そして、そのままわすれ去《さ》られてしまった…。
だから、
オレ様《さま》は、お前《まえ》たちにふくしゅうするんだ！
おい、あったぞー!!
あっ、これ！
1年生《ねんせい》になるときに、3人《にん》で選《えら》んだやつだ!!
思《おも》い出《だ》した！
クロックン、わすれててごめんなさい。
やっと思《おも》い出《だ》してくれたー
わ〜ん

PART 3を読《よ》んでみて

きみに合《あ》うスイッチが見《み》つかったかな？

コラム3

草木《くさき》もねむる“丑三《うしみ》つ時《どき》”って？

草木《くさき》もねむる、丑三《うしみ》つ時《どき》、一人《ひとり》の男《おとこ》が夜道《よみち》を歩《ある》いていた。その後《うし》ろに…。

「草木《くさき》もねむる丑三《うしみ》つ時《どき》」とは、だいたい今《いま》の午前《ごぜん》2時《じ》から2時半《じはん》くらいのこと。みんながねむっている真夜中《まよなか》ですね。

日本《にほん》では、江戸時代《えどじだい》まで、日《ひ》の出《で》と日《ひ》の入《い》りを基準《きじゅん》にして時間《じかん》を表《あらわ》していました。日《ひ》の出《で》から日《ひ》の入《い》りまでを「昼間《ひるま》」、日《ひ》の入《い》りから日《ひ》の出《で》までを「夜《よる》」として、それぞれを6等分《とうぶん》していたのです。そしてそのひとつを「一刻《いっこく》」として表《あらわ》していました。つまり、一日《いちにち》には12の「刻《こく》」があったということです。

午前《ごぜん》0時《じ》は「子《ね》の刻《こく》」や「夜九《よるここの》つ」、午前《ごぜん》12時《じ》は「午《うま》の刻《こく》」や「昼九《ひるここの》つ」というように、干支《えと》（子丑寅《ねうしとら》…）や数《かず》を使《つか》って表《あらわ》していました。

といっても、「一刻《いっこく》」には2時間《じかん》くらいの長《なが》さがあります。そのため、一刻《いっこく》を4等分《とうぶん》にして表《あらわ》す言《い》い方《かた》もありました。「丑三《うしみ》つ時《どき》」というのは、丑《うし》の刻《こく》を4等分《とうぶん》にした、3番目《ばんめ》の時間《じかん》のことを指《さ》します。

江戸時代《えどじだい》の時間《じかん》の表《あらわ》し方《かた》

～春分《しゅんぶん》・秋分《しゅうぶん》のころ～

オレ様《さま》のような、魔物《まもの》が
活《かつ》やくする時間《じかん》なんだぜ。

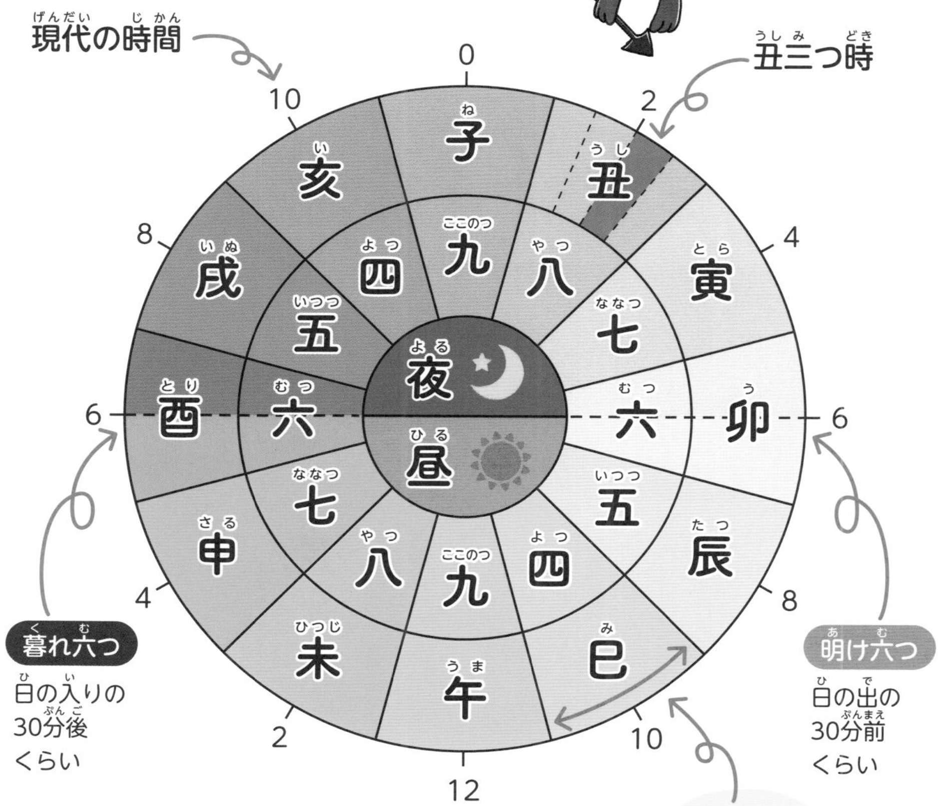

一刻《いっこく》

今《いま》の2時間《じかん》くらいの長《なが》さ。夏《なつ》は昼間《ひるま》が長《なが》いので、昼《ひる》の一刻《いっこく》は約《やく》2時間《じかん》40分《ぷん》。冬《ふゆ》は昼間《ひるま》が短《みじか》いので、昼《ひる》の一刻《いっこく》は約《やく》1時間《じかん》50分《ぷん》。50分《ぷん》も差《さ》がありました。

冬《ふゆ》より夏《なつ》のほうが、
昼間《ひるま》の時間《じかん》が
長《なが》かったんだな。

PART 4

スケジュールを立《た》ててみよう

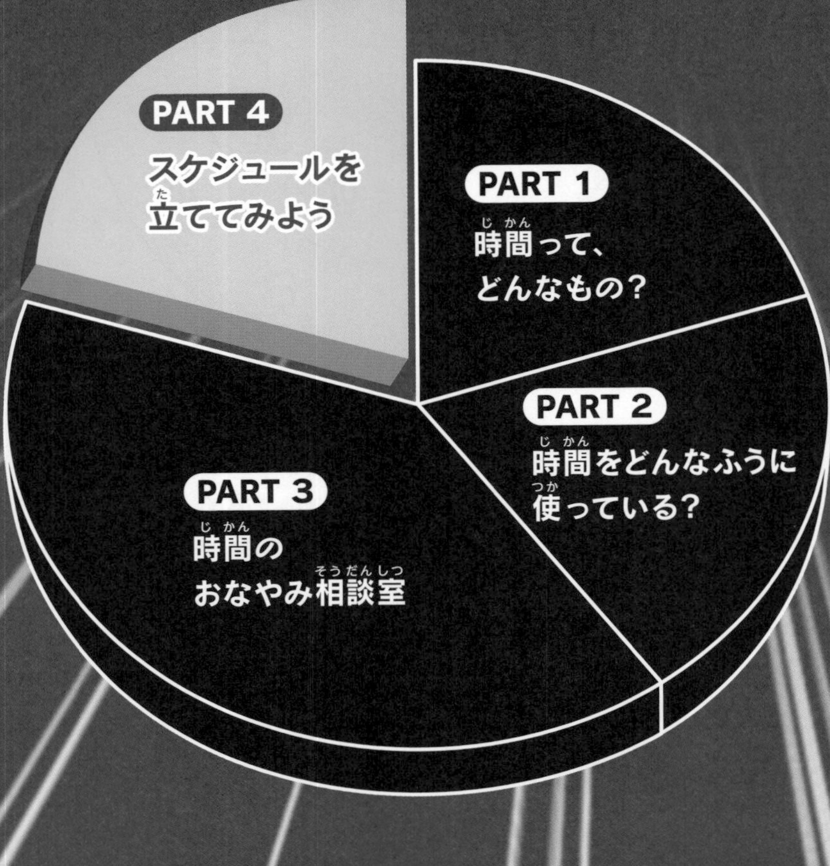
PART 4
スケジュールを
立《た》ててみよう
PART 1
時間《じかん》って、
どんなもの？
PART 2
時間《じかん》をどんなふうに
使《つか》っている？
PART 3
時間《じかん》の
おなやみ相談室《そうだんしつ》

PART 4を読《よ》む前《まえ》に

きみは、スケジュールを立《た》てたことはある？

1日《にち》のスケジュールを考《かんが》えよう！

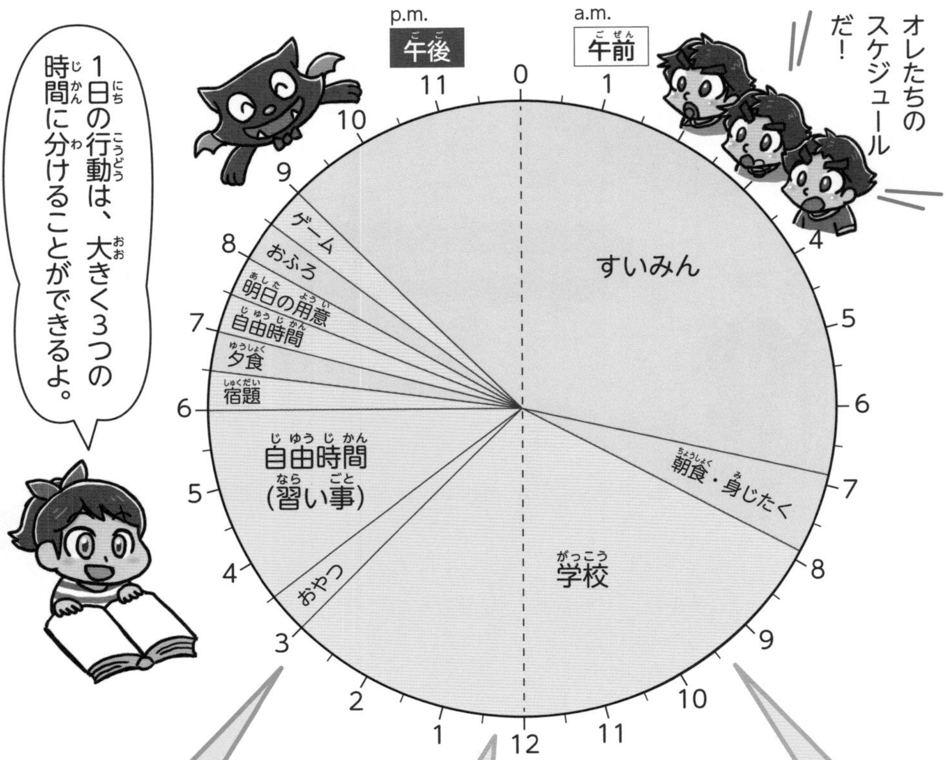

生活《せいかつ》に必要《ひつよう》な時間《じかん》

- 食事《しょくじ》
- すいみん
- おふろ
- 身《み》じたく

など

決《き》まっていることをする時間《じかん》

- 学校《がっこう》
- 勉強《べんきょう》
- お手伝《てつだ》い
- 習《なら》い事《ごと》　など

自由時間《じゆうじかん》

- 遊《あそ》び
- しゅみ
- 友《とも》だちと会《あ》う
- のんびりする
- 家族《かぞく》でおでかけ

など

手順《てじゅん》①

生活《せいかつ》に必要《ひつよう》な時間《じかん》をいちばん先《さき》に書《か》きこむ。すいみん時間《じかん》と食事《しょくじ》は特《とく》に大事《だいじ》！

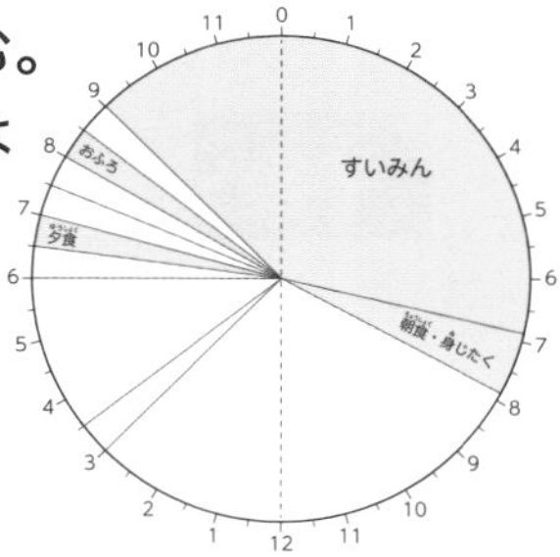

手順《てじゅん》②

学校《がっこう》や習《なら》い事《ごと》など、時間《じかん》や曜日《ようび》が決《き》まっているものを書《か》きこむ。

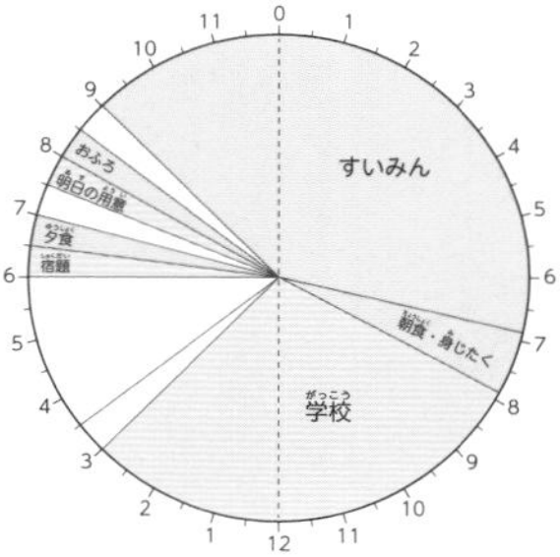

手順《てじゅん》③

残《のこ》りの空白《くうはく》の時間《じかん》の予定《よてい》を決《き》めていく。

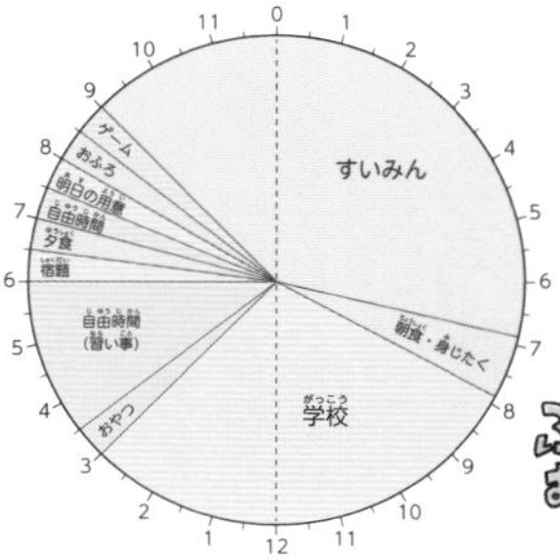

1日《にち》の中《なか》に“かくれている時間《じかん》”に注目《ちゅうもく》！

毎日《まいにち》の行動《こうどう》をふり返《かえ》ってみると、「何《なん》となくすごしている時間《じかん》」がかくれていることに気《き》づくよ。何《なん》となくテレビを見《み》たり、ゴロゴロしたり、後《あと》で考《かんが》えると何《なに》をしてたんだっけ？　と思《おも》うような時間《じかん》…。この時間《じかん》が長《なが》すぎると、他《ほか》の時間《じかん》に悪影響《あくえいきょう》が出《で》るから気《き》をつけよう。

三《み》つ子《ご》たちのスケジュール　学校《がっこう》のある日《ひ》バージョン

ねる前《まえ》にゲームをするのをやめたんだ。

お兄《にい》たち、スケジュールを少《すこ》し変《か》えたんだね。

p.m.
午後《ごご》

a.m.
午前《ごぜん》

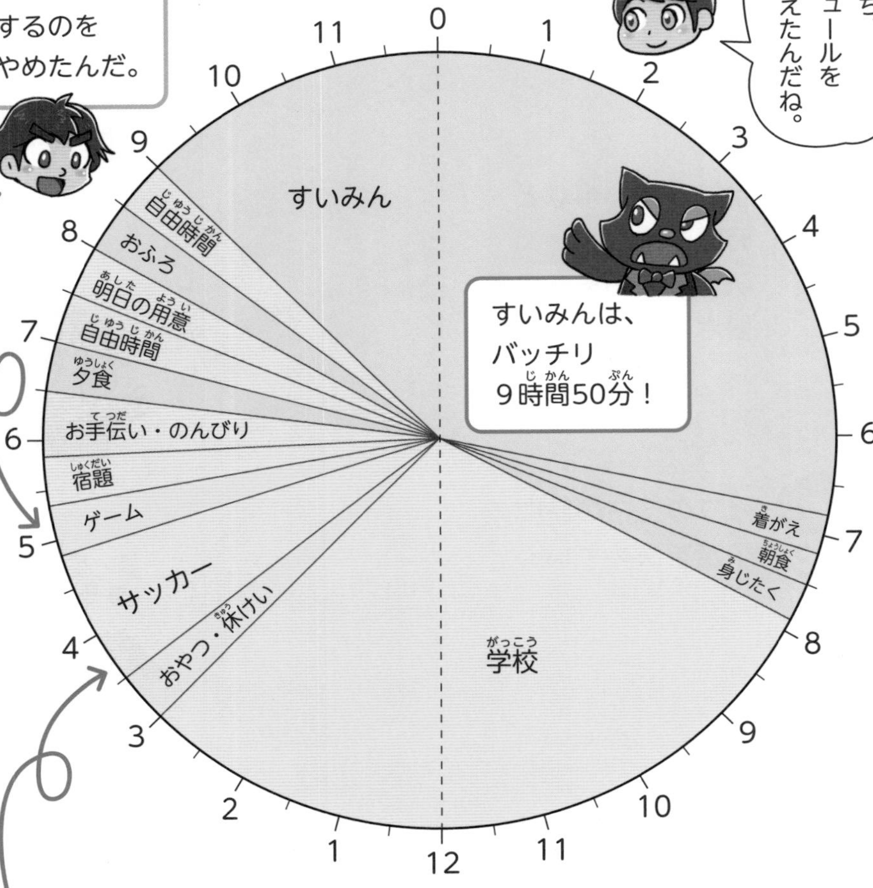

サッカーの練習《れんしゅう》は、1時間《じかん》。グラウンドへの行《い》き帰《かえ》りの20分《ぷん》も、ちゃんと予定《よてい》に入《い》れたよ！

夕食《ゆうしょく》の前《まえ》にお手伝《てつだ》いをすることにしたよ。

三《み》つ子《ご》たちのスケジュール お休《やす》みの日《ひ》バージョン

p.m. 午後《ごご》　　a.m. 午前《ごぜん》

お休《やす》みの日《ひ》は、のんびり食《た》べることが多《おお》いからいつもより長《なが》めだよ。

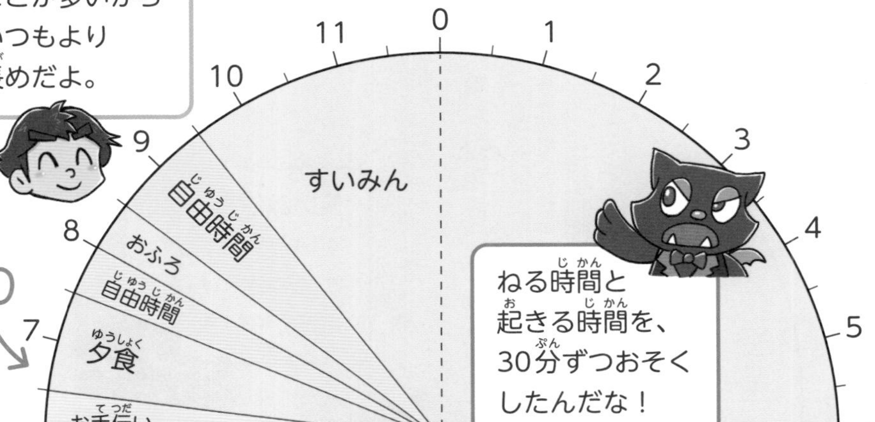

お休《やす》みだから、自由時間《じゆうじかん》を多《おお》くしていっぱい遊《あそ》ぶんだ！

平日《へいじつ》にできなかった宿題《しゅくだい》をする、予備《よび》の時間《じかん》にしたよ。

三《み》つ子《ご》たちのスケジュール 夏休《なつやす》みバージョン

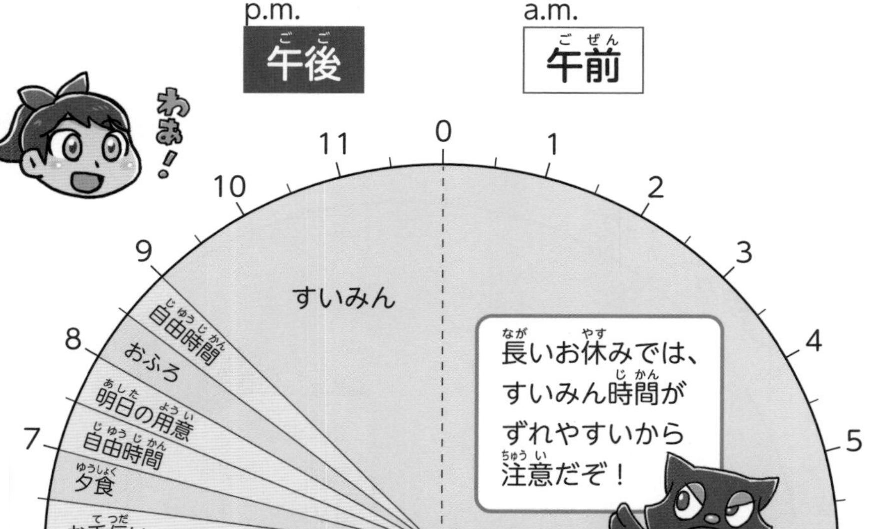

午後《ごご》は自由時間《じゆうじかん》。午前中《ごぜんちゅう》しっかり宿題《しゅくだい》をすれば、楽《たの》しく遊《あそ》べるぞ。

宿題《しゅくだい》が終《お》わらなかったときのための予備《よび》の時間《じかん》。早《はや》く終《お》われば自由時間《じゆうじかん》！

宿題《しゅくだい》は30分《ぷん》ずつ２回《かい》に分《わ》けて、間《あいだ》に15分《ふん》の休《きゅう》けいをとることにしたんだ。

________のスケジュール バージョン

p.m. **午後《ごご》**　　a.m. **午前《ごぜん》**

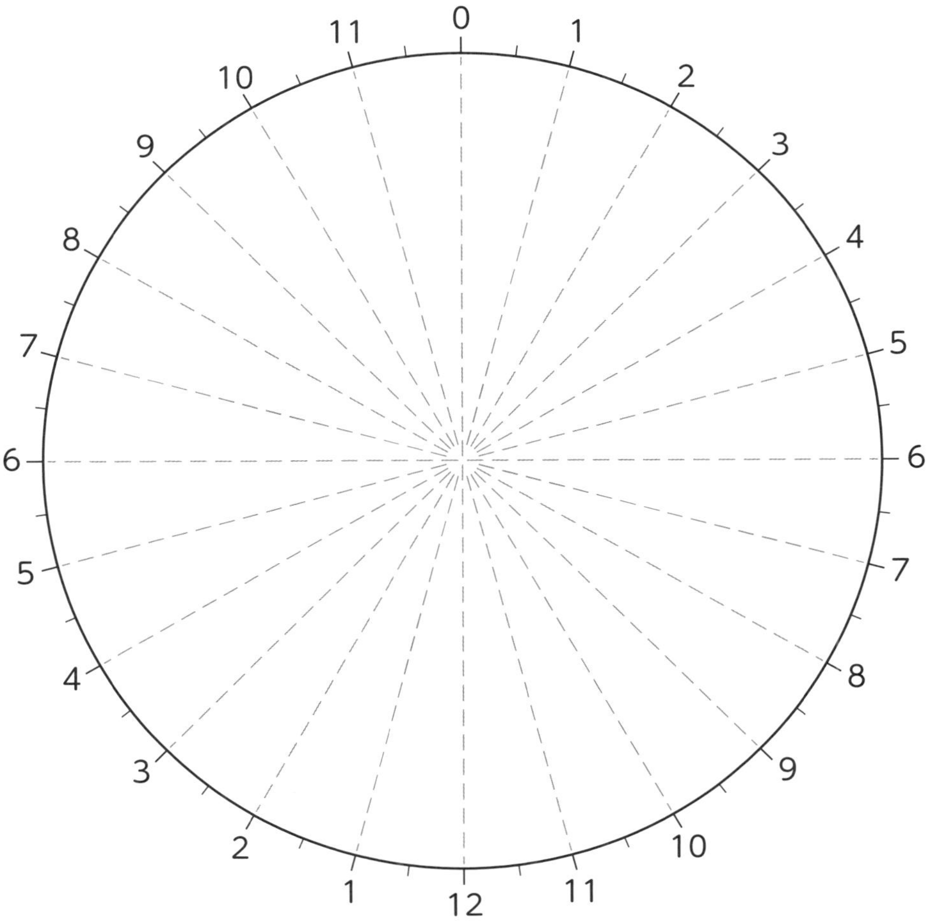

右《みぎ》のスケジュールを参考《さんこう》にして、きみも考《かんが》えてみてね。

※このページを必要《ひつよう》な枚数《まいすう》だけコピーして使《つか》ってね。
拡大《かくだい》コピーをしたり、自分《じぶん》のノートに書《か》いたりしてもいいよ。

夏休《なつやす》みの宿題《しゅくだい》の計画《けいかく》を立《た》てよう!

これまでのスイッチを使《つか》えば、宿題《しゅくだい》の計画《けいかく》もちゃんと立《た》てられるんだよ。
スケジュールはカンペキだしな!
オレたち、スイッチもたくさん持《も》ってるもんね!

手順《てじゅん》① 宿題《しゅくだい》の量《りょう》と内容《ないよう》をかくにんする。

スイッチ ▷段取《だんど》り ➡ 100 ページ

手順《てじゅん》② 夏休《なつやす》みの宿題計画表《しゅくだいけいかくひょう》 No.1

①でかくにんした宿題《しゅくだい》について、
終《お》わらせる日《ひ》をそれぞれカレンダーに書《か》きこむ。

スイッチ ▷大《おお》きな計画《けいかく》 ➡ 82 ページ

スイッチ ▷時間《じかん》の感覚《かんかく》 ➡ 85 ページ

手順《てじゅん》③ 夏休《なつやす》みの宿題計画表《しゅくだいけいかくひょう》 No.2

②の計画《けいかく》を達成《たっせい》するために、1日《にち》にやることを書《か》き出《だ》す。

スイッチ ▷小《ちい》さな計画《けいかく》 ➡ 83 ページ

手順《てじゅん》 1 宿題《しゅくだい》の量《りょう》と内容《ないよう》をかくにんする。

毎日《まいにち》コツコツ系《けい》の宿題《しゅくだい》

準備《じゅんび》なしですぐに始《はじ》められるけれど、量《りょう》が多《おお》いので毎日少《まいにちすこ》しずつ進《すす》めるのがおすすめ。

漢《かん》字《じ》
小四《しょうよん》

漢字《かんじ》プリント
20枚《まい》

計算《けいさん》
小《しょう》4
54)252
54)

計算《けいさん》プリント
20枚《まい》

にっき

日記《にっき》（毎日《まいにち》）

お手伝《てつだ》い（毎日《まいにち》）

時間《じかん》がかかる系《けい》の宿題《しゅくだい》

準備《じゅんび》や下調《したしら》べなどが必要《ひつよう》。

自由研究《じゆうけんきゅう》

読書感想文《どくしょかんそうぶん》

宿題《しゅくだい》をよく見《み》てみると、こんなふうに2種類《しゅるい》に分《わ》けられるよね。
時間《じかん》がかかるってことは、
早《はや》めにスタートって、
ことだね！
S
M
H

手順《てじゅん》② 三《み》つ子《ご》たちの 夏休《なつやす》みの宿題計画表《しゅくだいけいかくひょう》 No.1

宿題《しゅくだい》を終《お》わらせる日《ひ》をカレンダーに書《か》きこむ。

水《すい》	木《もく》	金《きん》	土《ど》
21 → 夏休《なつやす》みスタート!!	22 学校《がっこう》のプール	23 サッカー	24 お父《とう》さんの誕生日《たんじょうび》パーティー
28	29	30 サッカー	31 読書感想文《どくしょかんそうぶん》終《お》わり
4 学校《がっこう》のプール	5	6 サッカー	7 計算《けいさん》・漢字《かんじ》プリント終《お》わり
11	12 自由研究《じゆうけんきゅう》終《お》わり	13 家族《かぞく》でキャンプ ←→	14

終《お》わりの予定《よてい》の日《ひ》を書《か》きこもう

キャンプまでにだいたいの宿題《しゅくだい》を終《お》わらせたい！

家族《かぞく》とのおでかけの予定《よてい》や行事《ぎょうじ》なども書《か》いておこう

自分《じぶん》の夏休《なつやす》みが
始《はじ》まる日《ひ》を書《か》こう

日《にち》	月《げつ》	火《か》
25	26	27
1 かすみちゃんと遊《あそ》ぶ	2	3 サッカー
8 花火大会《はなびたいかい》 夏祭《なつまつ》り	9	10 サッカー

友《とも》だちとの約束《やくそく》や
習《なら》い事《ごと》などの
予定《よてい》も書《か》こう

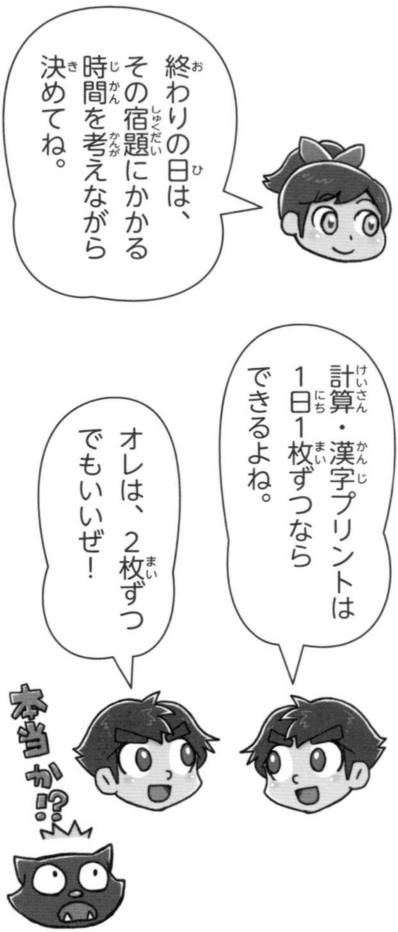
終《お》わりの日《ひ》は、その宿題《しゅくだい》にかかる時間《じかん》を考《かんが》えながら決《き》めてね。
計算《けいさん》・漢字《かんじ》プリントは1日《にち》1枚《まい》ずつならできるよね。
オレは、2枚《まい》ずつでもいいぜ!
本当か!?

時間の書

計画《けいかく》は無理《むり》のないように!

早《はや》く終《お》わらせたいからといって、宿題《しゅくだい》の量《りょう》をつめこみすぎてしまうと、計画《けいかく》だおれになってしまうよ。自分《じぶん》が1日《にち》にできる量《りょう》を見《み》きわめよう。

手順《てじゅん》 3 三《み》つ子《ご》たちの 夏休《なつやす》みの宿題計画表《しゅくだいけいかくひょう》 No.2

1日《にち》にやることを書《か》き出《だ》す。

毎日《まいにち》コツコツ系《けい》の宿題《しゅくだい》を内容《ないよう》ごとに書《か》く

時間《じかん》がかかる系《けい》の宿題《しゅくだい》を書《か》く

日《ひ》にち・曜日《ようび》	計算《けいさん》プリント	漢字《かんじ》プリント	日記《にっき》	お手伝《てつだ》い		読書感想文《どくしょかんそうぶん》 自由研究《じゆうけんきゅう》
21/水《すい》	2まい	1まい				↑ 読書感想文《どくしょかんそうぶん》の本《ほん》をさがす
22/木《もく》	1	1				↓
23/金《きん》	2	1				↑ 読書感想文《どくしょかんそうぶん》の本《ほん》を読《よ》む
24/土《ど》	1	2				

日記《にっき》やお手伝《てつだ》いなど、「どれくらい」が書《か》きにくいものは、空《くう》らんのままでいいよ！

時間《じかん》がかかるものは、「いつまで」に「どうする」かをくわしく考《かんが》える

例《れい》

- 読書感想文《どくしょかんそうぶん》

本《ほん》をさがす ➡ 読《よ》む ➡ 書《か》く

- 自由研究《じゆうけんきゅう》

テーマを決《き》める ➡ 準備《じゅんび》や下調《したしら》べ ➡ まとめる・作《つく》る

2つの表《ひょう》は、リビングなど、家族《かぞく》みんながよく見《み》るところにはっておくといいって!

計画《けいかく》ができたら、あとは、やるだけ!

1日《にち》に「どれくらい」進《すす》めれば、目標《もくひょう》の日《ひ》までに終《お》えられるかを考《かんが》えて、1日《にち》にやる量《りょう》を決《き》めよう

その日《ひ》に決《き》めたことができたら、○をつけたり、赤線《あかせん》で消《け》したりしていこう

2/月《げつ》	②	①				~~自由研究《じゆうけんきゅう》のテーマを決《き》める~~
3/火《か》	1	1				
4/水《すい》	2	1				
5/木《もく》	1	2				自由研究《じゆうけんきゅう》に必要《ひつよう》なものを準備《じゅんび》する
6/金《きん》	1	2				

＿＿＿＿＿＿＿＿の 夏休《なつやす》みの宿題計画表《しゅくだいけいかくひょう》No.1

日《にち》	月《げつ》	火《か》	水《すい》	木《もく》	金《きん》	土《ど》

※拡大《かくだい》コピーをすると書《か》きやすいよ。

______の

夏休《なつやす》みの宿題計画表《しゅくだいけいかくひょう》No.2

日《ひ》にち・曜日《ようび》						
／						
／						
／						
／						
／						
／						
／						
／						
／						

※必要《ひつよう》な枚数《まいすう》をコピーして使《つか》ってね。

夏休《なつやす》みの“おでかけ計画《けいかく》”を立《た》てよう！

とんまえんに新《あたら》しいプールができたんだって。
日本一《にほんいち》のウォータースライダーがあるんだって。
夏休《なつやす》みには、特別《とくべつ》なイベントもあるんだって。
オレ様《さま》もいくぜ!!
S
M
H
お出《で》かけ計画《けいかく》を立《た》てて、ママたちに提案《ていあん》してみようよ！
イロハもいきたい!!
お願《ねが》いします！
S
M
H
おでかけ計画《けいかく》
いいわね
考《かんが》えてみるか

手順《てじゅん》①

行《い》き先《さき》と日《ひ》にちを決《き》める。

おでかけ計画《けいかく》は
こんなふうに
立《た》ててみて！

手順《てじゅん》②

行《い》き先《さき》の情報《じょうほう》を集《あつ》める。
例《れい》）どこにある？　開園時間《かいえんじかん》は？
入場料《にゅうじょうりょう》は？　など

手順《てじゅん》③

行《い》き方《かた》を決《き》める。
例《れい》）車《くるま》？　電車《でんしゃ》やバス？　自転車《じてんしゃ》？

手順《てじゅん》④

出発時間《しゅっぱつじかん》と帰宅時間《きたくじかん》を決《き》めて、その間《あいだ》に何《なに》をするか計画《けいかく》を立《た》てる。

手順《てじゅん》⑤

持《も》ちものやかかるお金《かね》などを考《かんが》える。
例《れい》）食事代《しょくじだい》や電車《でんしゃ》の運賃《うんちん》など

時間の書

おでかけじゃない計画《けいかく》でもいい！

いつもとはちがう、特別《とくべつ》な日《ひ》になる計画《けいかく》を立《た》ててみて。思《おも》いっきり遊《あそ》ぶ日《ひ》、友《とも》だちを家《いえ》によんでパーティーをする日《ひ》、ひとりで１日中《にちじゅう》ゴロゴロする日《ひ》……。休《やす》みの日《ひ》のわくわくがひとつふえるよ。

マンガを読《よ》もうの会《かい》
マンガ
マンガ

三《み》つ子《ご》たちの おでかけ計画書《けいかくしょ》

書《か》けたぜ!

おでかけ計画書《けいかくしょ》

行《い》き先《さき》	とんまえんウォーターランド
日《ひ》にち	8月《がつ》 22日《にち》 (日《にち》) ※予備《よび》の日《ひ》 8月《がつ》 29日《にち》(日《にち》)
出発時間《しゅっぱつじかん》	午前《ごぜん》 9時《じ》00分《ふん》
帰宅時間《きたくじかん》	午後《ごご》 5時《じ》00分《ふん》
メンバー	お父《とう》さん お母《かあ》さん イロハ ソウ ミドリ ヒイロ クロックン
持《も》ちもの	水着《みずぎ》・タオル・うきわ・シート・ ビーチボール・ぼうし・水《すい》とう・ 日焼《ひや》け止《ど》め・おやつ
入園料《にゅうえんりょう》など	大人《おとな》は 2,000円《えん》 小学生《しょうがくせい》は 1,500円《えん》 幼児《ようじ》は 1,000円《えん》

予備《よび》の日《ひ》も考《かんが》えておくといいよ

オレ様《さま》も
いけるのか!

施設《しせつ》のホームページなどで調《しら》べよう

電車《でんしゃ》やバスで行《い》くときは、運賃《うんちん》も調《しら》べて書《か》いておこう

おうちの人《ひと》に
どれくらい時間《じかん》が
かかるかを聞《き》いておこう

電車《でんしゃ》やバスを使《つか》うときは、
乗《の》りかえ案内《あんない》を調《しら》べて、
時刻《じこく》を書《か》こう

予定《よてい》に
合《あ》わせて
時間《じかん》を
書《か》こう

時《じ》間《かん》	すること
9時《じ》 00分《ふん》	出発《しゅっぱつ》
10時《じ》 00分《ふん》	↓（お父《とう》さんの車《くるま》で）
10時《じ》 30分《ぷん》	とんまえんウォーターランドにとう着《ちゃく》・着《き》がえ
11時《じ》 00分《ふん》	遊《あそ》ぶ
11時《じ》 30分《ぷん》	↓
12時《じ》 00分《ふん》	昼《ひる》ごはん・休《きゅう》けい
12時《じ》 30分《ぷん》	遊《あそ》ぶ
1時《じ》 00分《ふん》	↓
1時《じ》 30分《ぷん》	
2時《じ》 00分《ふん》	
2時《じ》 30分《ぷん》	着《き》がえ・とんまえんウォーターランドを出《で》る
3時《じ》 00分《ふん》	帰《かえ》り道《みち》にあるファミレスでおやつ
3時《じ》 30分《ぷん》	↓
4時《じ》 00分《ふん》	ファミレスを出《で》る
4時《じ》 30分《ぷん》	↓
5時《じ》 00分《ふん》	家《いえ》にとう着《ちゃく》

__________の おでかけ計画書《けいかくしょ》

おでかけ計画書《けいかくしょ》

行《い》き先《さき》

日《ひ》にち　　月　　日（　　）
※予備《よび》の日《ひ》　　月　　日（　　）

出発時間《しゅっぱつじかん》

帰宅時間《きたくじかん》

メンバー

持《も》ちもの

入園料《にゅうえんりょう》など

※必要《ひつよう》な枚数《まいすう》をコピーして使《つか》ってね。

時《じ》　間《かん》	すること
時　　分	
時　　分	
時　　分	
時　　分	
時　　分	
時　　分	
時　　分	
時　　分	
時　　分	
時　　分	
時　　分	
時　　分	
時　　分	
時　　分	
時　　分	
時　　分	

スケジュールの見直《みなお》しをしよう!

計算《けいさん》ドリル、1日《にち》2枚《まい》ってけっこうよゆうかも!
しかも、オレたちって3人《にん》だから、20枚《まい》を3で割《わ》ったら…。
ひとり6枚《まい》か、7枚《まい》ですむぜ!!
悪《わる》だくみだな
3つ子バンザーイ!
ズルはだめだよ。ちゃんと自分《じぶん》の力《ちから》でやらなきゃ!!
お前《まえ》ら、宿題《しゅくだい》のためにスケジュールを立《た》てたんだろう?
おいおい
イロハにおこられちゃった…
しくしくしく
スケジュールを立《た》てると、「目《め》に見《み》えない時間《じかん》」が見《み》えるようになるんだよ。
んん? 時間《じかん》はもともと見《み》えないよ。

カレンダーやスケジュール表《ひょう》に予定《よてい》を書《か》いておけば、どれくらい時間《じかん》があるのかはっきりわかるっていうことなの。
でも、実際《じっさい》にやってみないとわからないこともあるし、時間《じかん》があまったり、足《た》りなかったり、予定《よてい》していなかったことが起《お》きる場合《ばあい》だってあるんだよ。
そうだよな。来週《らいしゅう》おじいちゃんたちが来《く》ることになったし。急《きゅう》だったから、スケジュールを見直《みなお》さないと!
そんなときは、臨機応変《りんきおうへん》に対応《たいおう》しましょう!!
臨機応変《りんきおうへん》
その場《ば》の様子《ようす》や状況《じょうきょう》に合《あ》わせて行動《こうどう》すること。
少《すこ》し続《つづ》けてみて、できないと思《おも》うところは、スケジュールの見直《みなお》しをしてみてね。そうやっていく中《なか》で、自分《じぶん》に合《あ》うスケジュールができあがっていくよ。

PART 4を読《よ》んでみて

スケジュールを立《た》ててみて、そのよさって何《なん》だと思《おも》った？

ボロ…。
これ、こわれてるのかな。止《と》まってるし。
あたらちいの、買《か》ってもらう？
おいおい
おーい
待《ま》てよ!!
ただの電池《でんち》切《ぎ》れだから、電池交換《でんちこうかん》して!!
何《なん》だ、電池《でんち》か。
オレ、取《と》ってくるー。
ドオオオ
こっ、これは…、大魔王様《だいまおうさま》!!
!?
うぁあああ
クロックンよ、きさま、電池交換《でんちこうかん》で魔物《まもの》をやめて、目覚《めざ》まし時計《どけい》にもどるつもりだな。
バーーン

三《み》つ子《ご》たちを手《て》下《した》にして、魔《ま》物《もの》として生《い》きていくというワシとの契約《けいやく》をわすれたのか。どうせまた、うらぎられるぞ。
大魔王様《だいまおうさま》、三《み》つ子《ご》たちは、時間《じかん》の使《つか》い方《かた》を学《まな》んだから、もう大丈夫《だいじょうぶ》です！
そうだよ、もうクロックンのことはわすれないよ!!
電池交換《でんちこうかん》もするよ!!朝《あさ》もちゃんと起《お》きるよ!!
だから、お願《ねが》いだよ!!
クロックンを目《め》覚《ざ》まし時《ど》計《けい》にもどして！
でんち…
契約《けいやく》をやぶれば、時間《じかん》の国《くに》からは追放《ついほう》だ。
どんな目《め》にあうかわかっているんだろうな…。
こうかん…

カチャ
でんちこうかん、ちたよ！
!?
!?
!!
!
ちっ…
とんだじゃまが入《はい》ったぜ。今日《きょう》のところはかんべんしてやる。
本《ほん》は返《かえ》せよ
スウウウ
あれ？あたちの本《ほん》が！
本《ほん》が消《き》えていく!!
もしかして、オ、オレ様《さま》も消《き》えちゃうのか!?
大魔王《だいまおう》もクロックンも、ふたりともいなくなっちゃった…。
おーい
クロックーン!!
あれぇ？

おいっ…オレ様《さま》は、ここにいるぜ。
!!
クロックン!! 目覚《めざ》まし時計《どけい》にもどれたんだね。
お兄《にい》、しょれなあに？
クロックンだよ。
あれ、イロハ、わすれちゃったの？
くろくん？
兄《にい》ちゃんたちの大切《たいせつ》な時計《とけい》だから、イロハも大事《だいじ》にしてね。
はーい!!
こうして、三《み》つ子《ご》たちは、今朝《けさ》もクロックンに起《お》こされています。
朝《あさ》だぜ、起《お》きろ!!
契約《けいやく》をやぶったバツとして、この時計《とけい》、5分早《ふんはや》く動《うご》くようになっていますけどー。

おわりに

保護者のかたへ

この本で紹介したさまざまなノウハウの基となっている「行動科学マネジメント」は、アメリカのビジネス界や教育界などで成果を挙げている行動分析学・行動心理学に基づいたマネジメント手法を、日本人に合ったかたちにアレンジしたメソッドです。

日本でも大企業から中小企業まで、さまざまな業種業態のビジネスマネジメントとして取り入れられており、教育の分野、セルフマネジメントとしての実績も豊富です。

精神論や感情、性格といった「内面」ではなく、人間の「行動」にフォーカスしているため、「いつ・誰が・どこで」やっても同じような結果が出る、つまり再現性が高いということが大きな特長といえるでしょう。

「どうすれば人間は行動するのか？」「どうすれば行動を継続するのか？」その原理には、子どもでも大人でも大きな差はありません。ですから、この本でお子様のために紹介したノウハウは、保護者のかたご自身のセルフマネジメントへも十分応用ができます。

本文中でも少し触れていましたが、大人だからといって誰もが時間を上手に使えているわけではありません。「自分の時間の使い方は、完璧でまったくのムダがない」なんて言える人は、そうそういるものではないでしょう。

「やりたいことがたくさんあるのに、時間がない」

「もっと時間を有効的に使えたらいいのに」

そのように思ったことはないでしょうか？

「でも忙しいから……」